CONSTITUTIONNALISME ET COUPS D'ÉTAT EN AFRIQUE

Collection « Études africaines »

dirigée par Denis Pryen et son équipe

Forte de plus de mille titres publiés à ce jour, la collection « Études africaines » fait peau neuve. Elle présentera toujours les essais généraux qui ont fait son succès, mais se déclinera désormais également par séries thématiques : droit, économie, politique, sociologie, etc.

Dernières parutions

Lionel Pierre GUESSELE ISSEME (dir.), *Covid 19 et droit public en Afrique. L'influence du virus sur l'application des normes*, 2024.

Sylvain SHOMBA KINYAMBA, *La tropicalisation de la ville et de l'université de Kinshasa. Le décryptage des réponses populaires*, 2024.

Benoît TINE, *Les drogues au Sénégal. Fléau social et défis contemporains*, 2024.

Stéven Modeste YOMBI (dir.), *Nouveaux horizons du constitutionnalisme en Afrique noire francophone*, 2024.

Auguste ILOKI, Valencia ENGAMBA ILOKI, Raïssa Kartelle ILOKI, *La justice au Congo : bilan statutaire soixantenaire. L'autorité judiciaire. Le service public de la justice. Le pouvoir judiciaire*, 2024.

Charles ZAGOH, *Le franc CFA : une monnaie en débat*, 2024.

Dominique Désiré Erenon

CONSTITUTIONNALISME ET COUPS D'ÉTAT EN AFRIQUE

CAS DU CENTRAFRIQUE

Préface de Danièle Darlan

L'Harmattan

5-7, rue de l'École polytechnique, 75005 Paris

www.harmattan.fr

ISBN : 978-2-336-50505-3
EAN : 9782336505053

DEDICACE

Je dédie cette œuvre :

- à tous les hommes politiques africains qui croient en la démocratie et l'État de droit et qui mènent, âprement, et parfois au péril de leurs vies, tel Barthélémy BOGANDA, le combat pour l'enracinement de ces valeurs universelles dans les États africains ;

- au Président Ange Félix PATASSE et à Abel GOUMBA, deux figures emblématiques de la lutte démocratique en République centrafricaine. Paix à leurs âmes et que leurs esprits accompagnent tous ceux qui se battent pour la démocratie et l'État de droit sur la terre de Barthélémy BOGANDA ;

- au Dr Claude CONJUGO et Me GOUNGAYE WANFIYO, respectivement martyr de la démocratie et combattant intrépide de l'État de droit en République centrafricaine. Que leurs esprits marchent aux côtés des Centrafricains de la nouvelle génération qui défendent la démocratie et l'État de droit ;

- à mon père Antoine ERENON, mes frères Modeste et Dieubeni ERENON, mes sœurs Prisca, Ella et Tatiana tous rappelés auprès de Dieu Tout-Puissant.

REMERCIEMENTS

Mes remerciements s'adressent à :

- Dieu Tout-Puissant, le Maitre de l'Univers pour tout ce que j'ai gracieusement reçu de Lui ;

- à Monsieur Yann TRANLONG, pour sa fidélité en amitié et son précieux soutien ;

- à ma femme Pulchérie Natacha, mes enfants Modeste Welcome, Resséhanie, Nkamia, Mileya, Bogaro, Beltou et ma belle-fille Philomène pour leur affection ;

- À mon cadet Théophile ERENON, mon neveu Séraphin SENA, Thierry ZAMA et YAKIZI mes anges gardiens ;

- À Elzéar DION et à Roger NINGATOLOUM MALARD, mes compagnons de lutte politique ;

- à mon ancien collègue de fac de Droit à Bangui, désormais mon frère Gotran Herbert DJONO AHABA, un des meilleurs étudiants de notre promotion qui aurait pu aller jusqu'en Thèse de Doctorat mais qui a été happé très tôt par la politique et appelé à de hautes fonctions gouvernementales ;

- à Paola Faissalath NZAS et son époux MAGUIDI pour leur soutien ;
- à Son Excellence Emmanuel HOUNNOUSSA, Consul Honoraire du Bénin à Ndjamena pour son amitié ;
- à Mme Soraya MBAO-BOGO, pour son aide précieuse fournie dans le travail de mise en page de ce texte.

PREFACE

Le docteur Dominique Désiré Erenon, constitutionnaliste, traite d'un sujet brûlant d'actualité : *Constitutionnalisme et coups d'Etat en Afrique : cas du Centrafrique.* En effet, l'Afrique francophone a fait l'objet ces derniers temps d'une vague de coups d'état militaires qui interpelle tout chercheur et en particulier tout constitutionnaliste africain, l'exemple sur lequel il s'appuie pour analyser les coups d'état militaires, celui de la République centrafricaine, est particulièrement illustratif de cette problématique.

Ce sujet me conduit, dans le prolongement de ses développements, à réfléchir sur les coups d'état en général qu'ils soient du fait de militaires ou de civils et sur l'avenir du constitutionalisme en Afrique francophone.

Deux catégories de coups d'Etat :

Il y a lieu de rappeler, même si l'auteur a volontairement circonscrit son sujet uniquement sur les coups d'état militaires, que ceux-ci ne sont pas les seuls. En effet , il existe deux catégories de coups d'état : ceux que l'on a coutume d'appeler les *putschs militaires* qui se caractérisent par l'emploi de la force pour atteindre l'objectif fixé qui est la prise de pouvoir, et ceux que l'on nomme les *coups d'Etat constitutionnels* qui sont l'œuvre du président de la République en fonction qui veut se maintenir au pouvoir au-delà du nombre des mandats prévus par la Constitution.

Les coups d'Etat militaires qui s'opèrent par l'utilisation de la force armée sont effectivement les plus nombreux et les mieux connus et documentés. Le coup d'Etat constitutionnel, quant à lui, est perpétré au moyen de manipulations de la Constitution selon deux modalités : soit en changeant la durée du mandat présidentiel par une révision constitutionnelle, et fort de cette Constitution révisée, le président invoque alors le principe de non rétroactivité de la loi pour briguer un nouveau mandat[1] ; soit par la révision la Constitution ou l'adoption d'une nouvelle Constitution dans l'unique but de faire sauter les verrous qui interdisent un troisième mandat. De ce coup d'Etat constitutionnel on parle peu. La Charte africaine de la démocratie des élections et de la gouvernance entrée en vigueur le 15 février 2012, condamne les « *changements inconstitutionnels de gouvernement* ».[2] Elle qualifie le coup d'Etat constitutionnel de « changement inconstitutionnel »[3] en ce qu'il porte atteinte à l'alternance démocratique qui est source de troubles et peut en outre provoquer un coup d'état

---

[1] Mathieu FAU-NOUGARET, manipulations constitutionnelles et coup d'Etat constitutionnel en Afrique francophone, https://Afritex.u-bordeaux.fr, 18 pages

[2] L'article 3 de la Charte Africaine de la démocratie, des élections et de la gouvernance condamne les changements inconstitutionnels de gouvernement

[3] Art 23 : *constitue un changement inconstitutionnel de gouvernement... Tout amendement ou toute révision des constitutions ou des instruments juridiques qui porte atteinte aux principes de l'alternance démocratique*

militaire, ce qui a été le cas en Guinée par exemple. La République centrafricaine a également connu un coup d'Etat constitutionnel en octobre 2022. Le Président de la République, refusant d'appliquer la décision de la Cour Constitutionnelle du 23 septembre 2022 annulant le comité mis en place pour la rédaction d'une nouvelle Constitution devant aboutir à la suppression des dispositions abrogeant la limitation des mandats, a fait adopter une nouvelle Constitution par referendum le 30 août 2023 lui permettant de briguer un troisième mandat.

La récente vague de coups d'Etat qui secoue l'Afrique francophone depuis 2021soulève la question de l'avenir du constitutionnalisme africain.[4]

---

[4] Mali : 18 août 2020, renversement du président Ibrahim Boubacar Keita par les forces armées maliennes,
Niger : 31 mars 2021, tentative de coup d'Etat, deux jours avant l'investiture de Mohammed BAZOUM,
Tchad : 21 avril 2021, le président Idriss Deby est assassiné, son fils institue un conseil Militaire de Transition et s'installe au pouvoir
Mali : 24 mai 2021, l'armée renverse le président de la Transition,
Guinée : 5 septembre 2021, une unité d'élite capture Alpha Condé le jour de la fin de son mandat, Mamadu Doumbouya un militaire des forces spéciales, est président du comité national du rassemblement pour développement (CNRD) et chef de l'état
Soudan, 25 octobre 2021, le gouvernement de Transition est renversé par l'armée
Burkina Faso, 24 janvier 202, Damiba, militaire, renverse Roch Marc Kabore Président de la république
Burkina Faso, 30 septembre 2022, Ibrahim Traore, militaire, renverse Damiba
Niger, 26 juillet 2023, Tiani un militaire, renverse Mohammed BAZOUM

L'avenir du constitutionnalisme africain : du mimétisme constitutionnel à l'endogénéisation.

Comment le constitutionnalisme africain peut-il prospérer dans une telle instabilité constitutionnelle et une remise en cause constante des principes constitutionnels et de l'Etat de Droit ?

L'un des reproches récurrents fait aux constitutions africaines est leur manque d'africanité qui expliquerait en partie la volonté de rejet de ces lois fondamentales qui sont alors désignées comme étant la cause profonde de tous les maux.

Il est en effet reproché aux Constitutions africaines, particulièrement à celles des Etats francophones d'être copiées sur celle de l'ancienne puissance coloniale, de comporter des éléments et des principes qui ne seraient pas en harmonie avec les sociétés qu'elles régissent. Les Constitutions africaines auraient donc été produites par imitation des Constitutions de l'ancienne puissance coloniale sans tenir compte des valeurs propres aux sociétés africaines et aux aspirations des peuples africains. Pour comprendre l'origine de ce mimétisme et ses contours il faut se replonger dans l'époque coloniale, cette colonisation était basée sur certains principes qui ont marqué l'évolution des Territoires sous domination. Le principe d'effectivité contenu dans l'Acte général de Berlin du 23 février 1885

Gabon, 30 août 2023, Brice Oligui Nguema chef de la garde présidentielle, renverse Ali Bongo Odimba et crée le Comité pour la Transition et la restauration des institutions (CTRI)

signifiait que les puissances coloniales européennes devaient gérer les Territoires de façon effective, il ne suffisait pas de planter son drapeau, il fallait réellement administrer. Dans les colonies, l'exécutif représenté par le gouverneur est prépondérant et même tout puissant, il concentre les pouvoirs. Après la seconde guerre mondiale les Territoires vont évoluer vers l'indépendance. Le mimétisme politique trouve alors sa source dans la Constitution de 1958 qui marque une volonté de la part de la puissance coloniale de conserver des liens forts sinon de soumission avec les colonies, il est ainsi prévu la signature d' accords de transfert de compétence et d'accords de coopération, ces accords organisent le maintien des liens avec l'ancienne puissance coloniale. Vient ensuite l'ordonnance Plantey du 06 octobre 1958 qui sera la base juridique du mimétisme, cette ordonnance fixe le principe selon lequel les textes français continueront de s'appliquer dans les anciennes colonies tant qu'ils ne seront pas remplacés par des textes nationaux.

Les *Accords de 1960* vont sceller les relations entre l'ancienne puissance coloniale et les nouveaux Etats indépendants. Les Constitutions de ces nouveaux Etats sont ainsi fortement ancrées dans les principes français, en outre, les nouveaux Etats ne disposant pas de constitutionnalistes, ces projets de Constitution sont rédigés par des experts français, il ne pouvait en être autrement.

Les années qui ont suivi l'indépendance ont vu l'installation de régimes autoritaires et le début des coups d'Etat militaires dans une Afrique qui se cherchait et qui était ballotée entre les puissances pendant la guerre froide. Puis vint le *vent de l'Est* suivi du discours de la Baule prononcé par François Mitterrand le 20 juin 1990, discours qui a conduit l'Afrique à un début de démocratisation et d'endogénéisation sous la houlette des conférences nationales souveraines.

Depuis 2020, les coups d'Etat militaires refont surface en Afrique francophone alors que l'on pensait qu'ils appartenaient désormais au passé en ce qui concerne la plupart des Etats. Chaque coup d'Etat a pour conséquence l'affaiblissement des institutions démocratiques, la remise en cause des Constitutions héritées de l'ère de démocratisation, le retour en force de l'armée. Dans le même temps, des présidents en poste procèdent, ou tentent de procéder à des manipulations des Constitutions pour se maintenir au pouvoir, tout ceci dans une ambiance de retour de guerre froide.

Dans ce contexte, on peut se poser la question suivante : quel est l'avenir du constitutionnalisme africain ?

Kwame Nkrumah disait « *Il y a un nouvel africain dans le monde, ce nouvel africain est prêt à mener ses propres luttes et montre qu'après tout, l'homme africain est capable de gérer ses propres affaires* »

Il nous semble que le constitutionnalisme africain ne pourra prospérer et s'affirmer que par une meilleure endogénéisation des Constitutions africaines mais une endogénéisation qui sera capable, tout en africanisant les

Constitutions, de préserver les acquis démocratiques et de les renforcer.

Cette endogénéisation doit être bâtie tout d'abord sur le dialogue et l'inclusivité, déjà prônés par les conférences nationales souveraines et figurant dans les constitutions. L'Afrique doit également se réapproprier son identité, elle doit certes s'enraciner dans son histoire pour avoir des racines solides mais elle doit également conjuguer avec la modernité afin de compter dans le concert des Nations. Cet équilibre est indispensable, on ne peut gouverner un pays à l'ère de l'intelligence artificielle en se basant sur des principes et des méthodes du passé.

Il ne suffit pas d'élaborer une Constitution, la plus belle des Constitutions ne sert à rien si elle n'est pas appliquée ou si elle est constamment revisitée au gré des humeurs et des désirs des chefs d'état ou des putschistes.

Comment faire en sorte que les Constitutions soient respectées et appliquées ?

Si on prend pour exemple la question de la limitation des mandats, on constate qu'il ne suffit pas d'introduire des dispositions intangibles car celles-ci ne résistent pas aux velléités de manipulations. Il faut désormais réfléchir à la question suivante : comment faire en sorte que ces verrous, ces dispositions intangibles soient respectés et ne puissent être supprimés ?

Pour cela il faut réinventer les mécanismes et les modalités classiques du *contrôle démocratique* qui manifestement comporte de grandes insuffisances et renforcer l'éducation et la culture démocratique chez les populations afin que le Peuple s'approprie sa Constitution et la protège. Les Constitutions doivent comporter la modalité de saisine directe par le citoyen qui permet à celui-ci de pouvoir saisir la juridiction constitutionnelle sans avoir nécessairement à passer par la procédure d'exception d'inconstitutionnalité qui est une procédure indirecte.

Quant au juge constitutionnel, gardien du temple, il doit jouer pleinement son rôle de gardien de la Constitution, il doit *arrêter le pouvoir* ! Le juge constitutionnel, qu'elles que soient ses modalités de désignation, doit être indépendant et s'affirmer, particulièrement vis-à-vis du pouvoir exécutif mais également vis-à-vis du pouvoir législatif. Pour ce faire il est indispensable de renforcer son indépendance et sa protection par des dispositions constitutionnelles et légales. Cependant, ces mesures ne serviront à rien si le juge lui-même ne se construit pas une légitimité par son courage et son intégrité.

Danièle Darlan

Professeure titulaire de droit public

Ancienne Vice-Présidente de la Cour Constitutionnelle de Transition

Ancienne Présidente de la Cour Constitutionnelle de la République centrafricaine

INTRODUCTION

Il n'est pas douteux, en effet, que le constitutionnalisme africain demeure, à ce jour, éprouvé par la pratique politique. Celle-ci provoque souvent l'inanité des règles constitutionnelles des États africains. Ceci est particulièrement vrai dans le domaine de la dévolution du pouvoir dont l'unique mode constitutionnel à savoir l'élection, est concurrencé de façon récurrente, sur le continent, par la pratique politique de *l'auto-proclamation présidentielle* ou de *coup d'État.* On sait que dans un système qui se réclame démocratique, le pouvoir dérive du peuple et s'exerce sous son contrôle[5]. Or, ce phénomène politique qu'est le coup d'État vient remettre en cause la croyance démocratique selon laquelle le pouvoir ne peut être conquis et exercé qu'en accord avec la volonté populaire[6]. Les changements anticonstitutionnels mettent en exergue le déficit de la culture démocratique et ne permettent pas l'enracinement de la démocratie en Afrique[7].

---

[5] Yves MENY, Le système politique français, 6ème éd., Paris, Montchestien, p. 37.

[6] Jean GICQUEL et Jean-Eric GICQUEL, Droit Constitutionnel et institutions politiques, 36ème éd., Paris, LGDJ, 2022, p. 283.

[7] Théodore HOLO, « *Quel avenir pour la démocratie en Afrique ?* », in Processus démocratique en Afrique : impact et perspectives, édité par Pierre Salmon, Actes du colloque international, Cotonou, 11-14 avril 1994, pp. 119-125.

Le coup d'État fait partie des phénomènes politiques potentiels et observables dans un État. Comme la plupart des phénomènes politiques, le coup d'État est à la fois complexe et conflictuel car les auteurs d'un coup d'État, par soif du pouvoir, par désir de puissance, renversent par la force les autorités légitimes, prennent le pouvoir et s'imposent au peuple souverain.

L'expression « *coup d'État* » renvoie à un renversement du pouvoir de façon brutale, généralement par des moyens armés. Il est souvent le fait de militaires mais aussi de civils ayant usé de la violence pour neutraliser les plus hautes personnalités de l'État à savoir le Chef de l'État, les membres du gouvernement et les parlementaires en fonction.

La notion de coup d'État doit être dissociée de celle de « *rébellion* » qui n'aboutit pas nécessairement à une prise du pouvoir ou changement de gouvernement. Le concept de coup d'État n'est pas à confondre non plus avec la « *révolution* » qui, même si elle peut conduire à une prise du pouvoir ou à un changement de gouvernement, est provoquée par une masse populaire comme la Révolution de 1789 en France ou le printemps arabe[8] à partir de

---

[8] Tout commence à Sidi Bouzid, ville agricole de 48000 habitants, au cœur de la Tunisie. Le 17 décembre 2010, Mohamed Bouazizi, 26 ans, s'immole par le feu devant la préfecture. Ce vendeur ambulant de fruits et légumes reprochait à la police d'avoir confisqué sa marchandise pour la énième fois. Travailleur clandestin qui refuse de payer des pots-de-vin, il craque une allumette après s'être aspergé d'essence à la vue de tous et mourra de ses blessures deux semaines plus tard, le 4 janvier 2011, dans un hôpital près de Tunis. Entre temps son sacrifice a fait le tour des réseaux sociaux. Son histoire se propage dans tout

décembre 2010, à vrai dire un soulèvement populaire ou mouvement insurrectionnel.

En Afrique, l'historique du phénomène des coups d'État fait apparaître les coups d'Etats réussis et les tentatives ou coups d'État manqués. Les coups d'État sont apparus sur le continent africain peu après les indépendances, avec la création de nouveaux États et leur apparition sur la scène internationale. Entre 1960 et 2000, l'Afrique a connu environ 82 coups d'État[9]. En dépit de la démocratisation du continent impulsée par la Conférence de la Baule, le phénomène n'a pas totalement disparu de la scène politique africaine. Des coups d'État militaires ont été perpétrés dans plusieurs pays[10].

L'actualité plus récente révèle la résurgence du phénomène, le 26 juillet 2023 au Niger[11], et entre 2020 et 2022. Il y a eu

---

le pays. Des jeunes se sentant ignorés ou humiliés par le système descendent dans la rue pour manifester leur colère. Leur cible : le président Ben Ali, au pouvoir depuis 23 ans en Tunisie. Le 14 janvier 2011, des manifestations monstres demandent sa démission. Les gaz lacrymogènes et les policiers anti-émeutes n'arrivent pas à contenir la rage de la population si bien que tout bascule en quelques heures. Le jour-même, Ben Ali quitte la Tunisie en avion marquant la chute de son régime. C'est le début du printemps arabe qui gagne ensuite l'Egypte, la Libye, puis la Syrie.

[9] Joseph SIEGLE, « Les coups d'Etat en Afrique et le rôle des acteurs extérieurs », Centre d'Etudes Stratégiques de l'Afrique, 3 janvier 2022, in https://africacenter.org/fr/spotlight/les-coups-detat-en-afrique-et-le-role-des-acteurs-exterieurs/

[10] Jean-Claude GAUTRON, « *L'exercice du pouvoir par l'armée. Analyse des régimes militaires africains* actuels », Revue Juridique Africaine, n° 0, 1989, p.61-71.

[11] https://www.lexpress.fr/monde/afrique/coup-detat-au-niger-pour-la-france-le-risque-de-perdre-un-allie-strategique-OVHCNGUYBFD3VDEUH25BBBBEO4/

une succession de coups d'Etats dans plusieurs pays africains : un double coup d'État militaire au Mali, d'abord le 18 août 2020 suivi de la désignation par la junte militaire de Bah Ndaw comme Président de la République, puis le 28 mai 2021 l'auto-proclamation présidentielle du Colonel Assimi GOITA, en Guinée Conakry en septembre 2021 avec le Colonel Mamady DOUMBOUYA, au Soudan le 25 octobre 2021 avec le Général Abdel Fattah AL-BURHAN, au Burkina Faso le 24 janvier 2022 avec le Lieutenant-Colonel Paul-Henri DAMIBA, avec une tentative échouée en République centrafricaine le 13 janvier 2021 et une autre en Guinée-Bissau le 02 février 2022 qui visait à renverser le Président Umaro SISSOCO. L'émoi est devenu plus vif dans l'opinion africaine quand, une fois de plus, le Niger a été frappé par le coup d'État du 26 juillet 2023.

Cette actualité politique africaine brûlante ne manque pas de préoccuper au plus haut point jusqu'au niveau de l'Union Africaine. Du 15 au 17 mars 2022, s'est tenu à Accra (Ghana) un Forum sur les changements anticonstitutionnels de gouvernement et l'extrémisme violent.

Les objectifs du Forum d'Accra étaient d'examiner les causes et les conséquences des changements anticonstitutionnels de gouvernement en Afrique, d'évaluer l'efficacité des instruments et mécanismes existants de l'UA pour les prévenir et y faire face, et de proposer des recommandations concrètes pour renforcer le rôle de l'UA à cet égard.

Dans la *Déclaration d'Accra*[12], les participants venus de tout le continent ont, entre autres, lancé un appel à la condamnation systématique des coups d'État et exprimé leur souhait de l'effectivité des instruments juridiques nationaux, régionaux et continentaux existants.

Réunis à Malabo en Guinée-Equatoriale, les Chefs d'État et de Gouvernement, ont adopté la Déclaration de Malabo le 28 mai 2022[13]. Ce texte est constitué des grandes orientations des Chefs d'État et de Gouvernement non seulement sur la lutte contre le terrorisme et l'extrémisme violent sur le continent mais aussi et les changements anticonstitutionnels de gouvernement.

Les Chefs d'État et de Gouvernement, réunis en Sommet extraordinaire, ont dans un premier temps exprimé leur préoccupation par rapport aux coups d'État ou changements anticonstitutionnels de gouvernement intervenus dans certains États membres de l'Union Africaine tels que le Mali, la Guinée, le Soudan, Tchad et autres. Ils ont ensuite réaffirmé que les coups d'État ou changements anticonstitutionnels de gouvernement sont inacceptables et constituent une grave menace pour la paix, la sécurité, la stabilité et la démocratie en Afrique. Ils ont également exhorté tous les États membres de l'UA à respecter leur ordre constitutionnel, l'État de droit et les principes

---

12 https://www.peaceau.org/uploads/fr-declaration-on-unconstitutional-changes-of-government-in-africa-15-17-march-2022.pdf

13 https://matinlibre.com/2022/05/30/terrorisme-et-coups-detat-voici-la-declaration-de-lunion-africaine/

démocratiques. Par ailleurs, la déclaration a appelé au rétablissement rapide de l'ordre constitutionnel dans tous les pays touchés par des changements anticonstitutionnels de gouvernement et approuvé l'application de sanctions contre les auteurs de changements anticonstitutionnels de gouvernement, ainsi que leurs partisans. En outre, il a été demandé à la Commission de l'UA d'accélérer l'opérationnalisation d'un système d'alerte précoce pour détecter les signes d'éventuels changements anticonstitutionnels de gouvernement. Enfin, les Chefs d'État et de Gouvernement ont appelé à la définition des lignes directrices de l'UA en matière de gestion et prévention des changements anticonstitutionnels, tâche attribuée au Conseil Paix et Sécurité de l'Union Africaine.

Dans un premier temps, les coups d'État s'opéraient dans un contexte politique puis géopolitique lié à l'apparition et à la fragilité de nouveaux États africains, de la période des indépendances à la chute, le 09 novembre 1989, du mur de Berlin, produit de la guerre froide et symbole du partage du monde en deux blocs notamment le bloc de l'est et le bloc de l'ouest qui s'affrontaient et dont les conséquences pouvaient s'observer en Afrique.

Dans un deuxième temps, le contexte a été celui du difficile apprentissage de la démocratie voire de l'échec de la greffe de la démocratie dans les États d'Afrique noire, consécutivement à la Conférence de La Baule organisée par le Président français François Mitterrand.

Enfin, le contexte est aujourd'hui lié au retour de la Russie depuis 2010 sur le continent. On observe en effet la formation de deux camps : certains pays africains (Soudan, République centrafricaine, Mali, Burkina Faso) sont tournés vers la Russie tandis que d'autres pays préfèrent rester proches de l'occident.

Il n'est pas sans intérêt d'observer que la caractéristique principale des coups d'État, c'est le recours à la violence. Les auteurs des coups d'État usent systématiquement de la violence pour pouvoir neutraliser les gouvernants et les obliger à démissionner de leurs fonctions. C'est également grâce à la violence, que les nouveaux tenants du pouvoir font régner l'ordre, dominent et se font obéir par les citoyens : « *à la racine de la violence, il y a toujours une volonté de contrainte dans le but d'exercer un effet de domination* »[14]. Or, dans tout État qui se proclame État de droit, il n'y a pas de place pour la violence ; il n'y a de place que pour le droit, le droit établi par la Constitution qui interdit d'utiliser la violence pour accéder au pouvoir.

D'un point de vue démocratique, on peut être choqué par le fait que ces changements anticonstitutionnels de gouvernement en Afrique soient souvent salués par des citoyens, lesquels célèbrent et applaudissent même la chute des dirigeants élus. Ce comportement des gouvernés suscite

---

[14] Célestin KEUTCHA TCHAPNGA, « Droit Constitutionnel et conflits politiques dans les Etats francophones d'Afrique noire », Revue Française de Droit Constitutionnel, 2005/3, n° 63, p. 451-491, précisément p. 454.

la curiosité et pousse à rechercher les causes des coups d'État.

On peut donc dire que chaque coup d'État ou changement anticonstitutionnel de gouvernement en Afrique a ses facteurs explicatifs.

En premier lieu, on peut citer la soif du pouvoir de certains hommes politiques ou de certains militaires. Ce désir du pouvoir est fondamentalement l'élément déclencheur des changements anticonstitutionnels de gouvernement en Afrique et, comme le fait observer Jacques Chevallier, le *désir* est par nature « *énergie libre, flux errant au cours capricieux et imprévisible : son investissement dans les institutions comporte un risque permanent de dénaturation, de perversion ou même de subversion de l'ordre institué* »[15].

En deuxième lieu, il y a la faiblesse constante de la situation économique, sociale et financière.

En troisième lieu, on peut évoquer divers facteurs politiques tels que le hold-up électoral ou la crise post-électorale, la tentation d'une présidence à vie par la modification de la Constitution pour s'assurer un troisième mandat présidentiel ou un renouvellement illimité de mandat.

En dernier lieu, les coups d'État dans la plupart de beaucoup de pays ont des terreaux tels que la circulation et le trafic

---

[15]CHEVALLIER Jacques, « *L'analyse institutionnelle* », in L'institution, Centre universitaire de recherches administratives et politiques de Picardie, Paris, PUF, 1981, p. 46

des armes de guerre facilités par la porosité des frontières ainsi que l'appui d'une puissance étrangère qui peut servir de base arrière pour les auteurs de coups d'État.

C'est pour ces raisons qu'on observe des citoyens des pays africains applaudir le renversement de leurs dirigeants. Ceux-ci perdent leur popularité car les citoyens perdent confiance en eux.

On se souvient par exemple qu'au Mali, le Mouvement du 5 juin et Rassemblement des Forces Patriotiques (M5-RFP), coalition d'opposition, avait salué le coup d'État, estimant que « *ce n'est pas un coup d'État militaire mais une insurrection populaire* ».

Les dirigeants déchus sont souvent perçus comme s'étant éloignés de la démocratie et responsables de l'insécurité physique, alimentaire, de l'absence de paix, et de l'injustice sociale, de la corruption endémique, de l'ethnocentrisme, de la politique d'exclusion et de la pauvreté d'une bonne partie de leurs populations.

On ne peut pas ne pas voir, dans ce soutien des citoyens aux changements anticonstitutionnels de gouvernement, le signe d'une aspiration profonde des peuples africains à des formes plus efficaces de la gouvernance publique.

La résurgence des changements anticonstitutionnels en Afrique de l'Ouest est apparue entre 2020 et 2022 comme une solution à la faillite de la gouvernance publique : l'insécurité, l'expansion de l'extrémisme violent et le développement du terrorisme.

Les militaires, auteurs des coups d'État, semblent ainsi trouver leur légitimité dans l'exaspération des peuples de ces pays ouest-africains par rapport à la faillite ou l'incapacité de leurs gouvernements civils ou démocratiques à résoudre les problèmes de l'insécurité, de l'autorité de l'État, de l'ordre, de justice, de l'extrémisme violent et du terrorisme.

La plupart de ces États ouest-africains donnent l'impression de considérer que la Fédération de Russie serait plus efficace que l'occident en matière de résolution militaire des crises sécuritaire et humanitaire, de la montée de l'extrémisme violent et de l'expansion croissante du terrorisme dans leurs territoires.

Beaucoup de spécialistes de la géopolitique pensent que la résurgence des changements anticonstitutionnels de gouvernement en Afrique serait une des facettes de l'affrontement des grandes puissances sur le continent africain, la Russie et la Chine d'un côté et l'occident de l'autre.

Pour ce qui est des conséquences, les changements anticonstitutionnels de gouvernement provoquent toujours l'effondrement de la stabilité de l'État c'est-à-dire de l'ordre juridique et institutionnel, du régime politique ainsi que des atteintes à la paix et à la cohésion sociale.

Quand ces changements anticonstitutionnels se produisent, ils emportent automatiquement des régimes civils et démocratiques et installent des régimes d'exception dirigés, dans un premier temps par des militaires et, dans un second temps par des civils désignés par les forces vives de la nation. Il s'agit des transitions politiques souvent complexes à diriger.

Le constitutionnaliste ne peut observer le coup d'État avec une certaine distance tout en le renvoyant strictement dans le champ de la science politique. Le coup d'État doit plutôt susciter chez le constitutionnaliste une curiosité intellectuelle et un intérêt certain. L'ordre constitutionnel définit les règles du jeu politique dans un État et encadre les phénomènes politiques dans l'État. Or, le coup d'État est un évènement survenant dans la vie d'un État, un phénomène politique qui vient remettre en cause les règles d'organisation et de fonctionnement de l'État. C'est donc à tort que le coup d'État, fondamentalement phénomène politique, est peu étudié par les juristes. Le droit constitutionnel et la science politique n'ont-ils pas pour objet commun l'étude du pouvoir et des phénomènes politiques, même si les deux disciplines se séparent par leurs méthodes, celle du droit constitutionnel étant normative et celle de la science politique, descriptive. D'ailleurs, beaucoup d'Etats africains prévoient dans leurs constitutions des règles interdisant la pratique du coup d'État. C'est le cas de la République centrafricaine[16] et du Mali[17].

La survenance d'un coup d'État participe de la banalisation de l'État, de la relativisation de l'importance de la Constitution en tant que norme suprême. Un coup d'État est un coup porté contre l'État. Or, l'État, forme moderne d'organisation sociale, est encadré par des règles d'organisation et de fonctionnement dont l'essentiel provient du texte de la Constitution. Par voie de conséquence, tout coup d'État soulève, au-delà de la légitimité, le problème de légalité constitutionnelle. La corrélation est donc évidente entre le coup d'État et l'ordre constitutionnel. A travers le renversement d'un pouvoir, c'est l'ordre constitutionnel qui se trouve attaqué, bouleversé et effondré.

---

[16] Article 28 de la Constitution centrafricaine du 30 mars 2016 : « *L'usurpation de la souveraineté par coup d'Etat, rébellion, mutinerie ou tout autre procédé non démocratique constitue un crime imprescriptible contre le peuple centrafricain. Toute personne ou tout Etat tiers qui accomplit de tels actes aura déclaré la guerre au peuple centrafricain. Toute personne physique ou morale qui organise des actions de soutien, diffuse ou fait diffuser des déclarations pour soutenir un coup d'Etat, une rébellion ou une tentative de prise du pouvoir par la mutinerie ou par tout autre moyen, est considérée comme co-auteur. Les auteurs, co-auteurs et complices des actes visés aux alinéas 1 et 2 sont interdits d'exercer toute fonction publique dans les institutions de l'Etat* ».

[17] Article 121 de la Constitution malienne de 1992 : « *Le fondement de tout pouvoir en République du Mali réside dans la Constitution. La forme républicaine de l'Etat ne peut être remise en cause. Le peuple a le droit à la désobéissance civile pour la préservation de la forme républicaine de l'Etat. Tout coup d'Etat ou putsch est un crime imprescriptible contre le peuple malien* ».

Face à ces nombreux coups d'État survenus sur le continent, certains auteurs se sont posé la question de la valeur des Constitutions africaines, celles-ci étant considérées commes des « *chiffons de papier* »[18] selon Albert Bourgi.

Le coup d'État démolit l'ordre constitutionnel dont l'objet est de réglementer l'activité politique. Il bouleverse les conditions selon lesquelles la politique doit se faire. Les auteurs d'un coup d'État ne se situent pas dans une perspective ni juridique ni civique puisqu'ils violent les règles du jeu politique et franchissent les limites définies par la Constitution. L'élection cesse d'être la procédure normale de désignation et de révocation des gouvernants. Le coup d'État signifie la rupture du code de bonne conduite entre les gouvernants et les gouvernés tel que mis en place par la Constitution. L'ordre constitutionnel cesse d'exister, remplacé par le règne de la force.

La persistance en Afrique du phénomène politique qu'est le coup d'État mérite qu'on en recherche l'origine, les causes et les conséquences sur l'État, objet de la sollicitude de tous les constitutionnalistes. Si beaucoup d'Etats francophones d'Afrique noire ne sont pas épargnés par des coups d'État, le cas de la République centrafricaine paraît plus inquiétant du fait de la persistance du phénomène (CHAPITRE I) et de l'instabilité politique et constitutionnelle qu'il engendre (CHAPITRE II).

---

[18] Albert BOURGI, « *L'évolution du constitutionnalisme en Afrique : du formalisme à l'effectivité* », Revue Française de Droit Constitutionnel, N° 52, 2002, p. 721-748, précisément p. 725.

CHAPITRE I :

LE COUP D'ÉTAT EN AFRIQUE, UN PHENOMENE POLITIQUE PERSISTANT

Le concept de coup d'État est souvent appréhendé comme une notion de science politique (SECTION I). Cependant, la juridicité de cette notion ne peut plus être ignorée (SECTION II).

SECTION I : APPROCHE THEORIQUE DU COUP D'ÉTAT [19]

Si le coup d'État renvoie à l'idée de violence (II), il est intéressant de rechercher l'origine et ce que recouvre ce concept (I).

---

[19] Dans les pays de tradition espagnole, le terme de *pronunciamiento* renvoie au terme coup d'Etat ; en Allemagne, le terme *putsch* est également synonyme de coup d'Etat. Mais à l'origine, les deux termes traduisent des réalités bien différentes : voir MOCK Mélody, Le coup d'Etat moderne, formation a-juridique d'un nouvel ordre juridique, Thèse de Doctorat en Histoire du Droit et des Institutions, Université de Paris 2 Panthéon Assas, 2012, p. 227.

I. LE CONCEPT DE COUP D'ÉTAT

A. Origine et sens de la notion de « coup d'État »

L'expression « *coup d'État* » apparaît « *au crépuscule du XVIe siècle* » si l'on en croit Emmanuel Cherrier[20]. De son côté, François Saint-Bonnet, situe la naissance de ce concept « *dans la littérature politique de la première moitié du XVII siècle* »[21]. Cependant, si les deux auteurs précités s'opposent quant à l'origine de la notion, ils se rejoignent sur un point. En effet, Emmanuel Cherrier[22] et François Saint-Bonnet[23] reconnaissent à Gabriel Naudé[24], le mérite de la systématisation du concept « *coup d'État* ».

Depuis, le coup d'État a fait l'objet d'une doctrine abondante, particulièrement chez les historiens et même les

---

[20] CHERRIER Emmanuel, 18 brumaire et 2 décembre : d'un coup d'Etat à l'autre. Eléments pour une étude du coup d'Etat, Thèse de Doctorat de Science Politique, Université de Lille 2, Atelier de reprod. Th. Univ. Lille 3, 2000, 4 microformes de 392 images.

[21] SAINT-BONNET François, « *Technique juridique du coup d'Etat* », in Le prince, le peuple et le droit : autour des plébiscites de 1851 et 1852, Paris, Léviathan, PUF, 2000, p. 126.

[22] CHERRIER Emmanuel, op.cit., p. 14 : « *Naudé n'est pas l'inventeur de l'expression, mais il est le premier à s'être penché sur une définition sérieuse* ».

[23] SAINT-BONNET François, op. cit., p. 126 : « *C'est à Gabriel Naudé qu'on doit une véritable théorisation du concept* » dans ses Considérations politiques

[24] NAUDE Gabriel, Considérations politiques sur les coups d'Etat, Rome, éd. M. DC. XXXIX, 1639, 222 p.

journalistes. Toutefois, la plupart de ces auteurs ont centré leurs recherches sur des questions portant sur « *la préparation, le déroulement, la fortune des coups d'État* » au détriment d'une réflexion sur « *la notion elle-même* »[25]. Il n'est pas alors étonnant de constater, à ce jour, l'absence d'unanimité sur la définition du coup d'État[26]. L'objet de ce travail n'étant pas principalement théorique, il n'est pas nécessaire de réunir ici les multiples définitions existantes. D'ailleurs, en ce sens, bien de chercheurs avant nous tels que ceux précités, et même très récemment Mélody Mock[27], ont exploré cette notion. Comme il s'agit ici d'une simple vue panoramique sur le phénomène en question, afin de soutenir nos réflexions, seuls les grands traits communs aux définitions existantes sur ce concept méritent d'être exposés. Or, un tel travail nécessite cependant la référence à quelques définitions convergentes ou divergentes.

Pour G. Hermet, Bertrand Badie, Pierre Birnbaum et Pierre Braud, le coup d'État est une « *tentative réussie ou non de conquête ou de reformulation du pouvoir politique de nature inconstitutionnelle ou illégale, fondée sur l'usage ou la menace de la force* »[28]. Gérard Cornu définit le coup d'État comme une « *prise de pouvoir par des moyens illégaux (en général par le recours à la force armée), ou*

---

[25] SAINT-BONNET François, op. cit., p. 126.
[26] Ibidem, p. 126.
[27] MOCK Mélody, Le coup d'Etat moderne, formation a-juridique d'un nouvel ordre juridique, Thèse de Doctorat en Histoire du Droit et des Institutions, Université de Paris 2 Panthéon Assas, 2012, 663 p.
[28] HERMET Guy., BADIE Bertrand., BIRNBAUM Pierre. et BRAUD Philippe., Dictionnaire de la science politique et des institutions politiques, 7ème éd., Paris, Armand Colin, 2005, p. 72.

tentative en ce sens, agissement incriminé par la loi pénale, quand il se traduit par des actes de violence, sous le nom d'attentat »[29]. De ces deux définitions, on note l'inclusion non seulement des coups d'État réussis mais également de ceux manqués. Les deux conceptions citées tranchent avec d'autres positions doctrinales qui ignorent les coups d'État manqués, coups qui auraient échoué, ainsi que le fait remarquer François Saint-Bonnet[30]. Des deux thèses en présence, la première bénéficie de notre adhésion pour deux raisons. En premier lieu, d'un point de vue théorique, un coup d'État, qu'il soit réussi ou manqué, vise la prise du pouvoir, le pouvoir exécutif. En dernier lieu, d'un point de vue pratique, la République centrafricaine présente plusieurs cas de coups d'État manqués, lesquels ont des conséquences diverses sur le fonctionnement de l'État.

B. Le recours à la violence ou à la force, caractéristique essentielle du coup d'État

Hormis la définition de Gérard Cornu précitée, on peut s'intéresser à celle de Jean-Pierre Pabanel. Il écrit que le coup d'État militaire est « *une pratique volontaire et consciente de l'armée ou d'une partie de celle-ci pour s'emparer des institutions étatiques et occuper le pouvoir de l'État* »[31]. Ici, le coup d'État est le fait des militaires.

---

[29] CORNU Gérard, Vocabulaire juridique, Association Henri Capitant, P.U.F., p. 244.
[30] SAINT-BONNET François, op. cit., p. 126.
[31] PABANEL Jean-Pierre, Les coups d'Etat militaire en Afrique noire, Paris, L'Harmattan, 1984, p. 5.

Or, l'on sait que le terme « *armée* » renvoie généralement à l'idée de guerre et de violence, donc on peut, sans risque de se tromper, penser que l'expression « *pratique volontaire et consciente de l'armée* » dont parle Jean-Pierre Pabanel est naturellement accompagnée d'une certaine dose de violence ou d'un usage de procédés illicites. Ce raisonnement est conforté par le point de vue de Mustapha Benchenane pour qui « *les coups d'État sont, entre autres, la manifestation d'une violence politique* »[32]. Qu'il soit le fait des militaires ou des civils, le coup d'État renferme une dose de violence. Sous ce rapport, on pourrait dans une certaine mesure considérer que c'est un coup d'État qu'a réalisé David Dacko le 30 avril 1959 contre Abel Goumba, *intérimaire constitutionnel* et *dauphin politique* de Barthélémy Boganda, considéré par la majeure partie de l'opinion publique comme le plus à même de diriger le pays après le Président Fondateur[33]. David Dacko n'a certes recouru à aucune arme. Cependant, et comme on le verra plus loin, les manœuvres politiques notamment l'instrumentalisation ethnique ayant abouti à ce coup ont produit une violence certaine à l'endroit non seulement d'Abel Goumba, mais également à celui du jeune État Centrafricain. Il faut savoir qu'à partir de cette date, Abel Goumba et David Dacko vont se vouer mutuellement une

---

[32] BENCHENANE Mustapha, Les coups d'Etat en Afrique, Paris, Publisud, 1983, p. 8.

[33] Article 17 de la Constitution du 16 février 1959 : « *Si le président du gouvernement vient à cesser ses fonctions, le ministre d'État le supplée provisoirement. L'assemblée législative, réunie au besoin en session extraordinaire, procède dans un délai d'un mois à l'investiture d'un nouveau président* », http://mjp.univ-perp.fr/constit/cf1959.htm#3

haine politique jusqu'à la fin de leurs jours, malgré un simulacre de pardon et de réconciliation obtenus entre les deux rivaux par Catherine Samba-Panza, Vice-présidente du Dialogue Politique de 2003 organisé après le coup d'État du 15 mars 2003 du général François Bozizé.

Raymond Carré de Malberg voit lui aussi dans le coup d'État une idée de violence : « *Les mouvements révolutionnaires et les coups d'État offrent ceci de commun que les uns et les autres constituent des actes de violence et s'opèrent, par conséquent, en dehors du droit établi par la Constitution en vigueur* »[34]. La violence est d'ailleurs en bonne place dans les définitions de Gérard Cornu et du groupe des 4 auteurs précités.

En Centrafrique plusieurs coups d'État ont été perpétrés comme s'il s'agissait de guerres. Exceptés le coup d'État de David Dacko du 20 septembre 1979, et celui du général André Kolingba le 1er septembre 1981 qui ont eu lieu sans effusion de sang, tous les autres coups d'État réussis ou manqués, se sont particulièrement illustrés par des actes de violence : il en a été ainsi, par exemple, des mutineries à répétitions de 1996 à 1997 visant véritablement le renversement du Président Ange Félix Patassé, du coup d'État manqué du 28 mai 2001, et surtout des coups réussis du 31 décembre 1965 de Jean Bedel Bokassa, du 15 mars 2003 du général François Bozizé et du 24 mars 2013 de Michel Djotodia. On note en général de violents combats entre loyalistes et putschistes ou rebelles,

---

[34] CARRE DE MALBERG Raymond, Contribution à la théorie générale de l'Etat, Paris, Dalloz, 1920, réédition de 2003, p. 496.

des échanges de tirs en pleine capitale Bangui, l'attaque des symboles du pouvoir tels que la radio, le palais présidentiel et la télévision assiégés, attaque soldée par des morts jonchant le sol après les affrontements, et des pillages.

François Saint-Bonnet qui voit aussi dans le coup d'État une entreprise violente, considère même que cette violence représente le premier élément constitutif ou descriptif d'un coup d'État[35]. L'usage de la force apparait comme le moyen de réalisation du coup. À cela, l'auteur ajoute trois autres éléments. Tout d'abord, la rapidité et la fulgurance du coup, qui est la technique ou la stratégie des comploteurs ; de plus, la prise ou l'agrandissement du pouvoir, but ultime du coup ; enfin, l'appartenance des auteurs du coup à une instance étatique, à un échelon éminent ou non[36] ; ceci a pour effet de considérer que « *la tentative d'un particulier n'est pas à proprement parler un coup d'État ; on parlera de coup de force, de mouvement insurrectionnel, de guerre civile, expressions qui renvoient à des situations difficiles à enfermer dans des bornes stables* »[37]. Un cinquième élément peut être observé, la violation de la légalité applicable à la conquête du pouvoir.

Notion politique ou juridique ? Le coup d'État a pour but ultime le renversement de l'ordre politique établi, la prise du pouvoir. Or le pouvoir relève du politique. Donc, le coup d'État est une notion fondamentalement politique. Toutefois, le coup d'État ne doit pas être regardé

---

[35] SAINT-BONNET François, op. cit., p. 126.
[36] SAINT-BONNET François, op. cit., p.126.
[37] Ibidem, p.127

simplement comme un évènement politique. Ce caractère n'est donc pas exclusif puisque la doctrine lui reconnait deux caractères, plus précisément historique et juridique. À cet égard, Mock Mélody, privilégie plutôt le caractère historique. Cette auteure soutient que : « *le coup d'État est d'abord un évènement historique avant d'être* juridique »[38]. Le coup d'État, qu'il soit réussi ou manqué, devient aussi un évènement historique en raison de son degré d'importance sociale, par son retentissement et sa répercussion sur la vie d'un peuple, mieux sur un État. Un coup d'État réussi ou manqué fait toujours date. L'État subit une transformation ; il ne sera plus comme avant. Ce fut le cas en République centrafricaine avec le coup d'État de Jean Bedel Bokassa du 31 janvier 1965, lequel évènement entraîne la suppression de la République au profit de l'Empire. Ce fut également le cas avec le coup d'État de David Dacko le 20 septembre 1979, lequel rétablit la République.

Si les caractères politique et historique du coup d'État sont certains, il n'en va pas de même de son versant juridique, sur lequel bien des membres de la doctrine semblent toujours hésitants et réticents, comme on peut l'observer dans les lignes qui suivent.

II. COUP D'ÉTAT ET JURIDICITE

Pour bon nombre de juristes le concept de « coup d'État » ne relève que du domaine politique et serait exclu

---

[38] MOCK Mélody, op. cit, p. 27.

du champ d'étude des juristes (A). Aujourd'hui, le caractère juridique du coup d'État est certain (B)

A. Débat autour de la juridicité de la notion de « coup d'État »

Le coup d'État, notion fondamentalement politique, ne semble pas susciter un grand intérêt pour la doctrine juridique. À cet égard, Pierre-Xavier Boyer a un point de vue plus radical[39]. D'autres auteurs tels que François Saint-Bonnet et Catherine Le Manach nuancent leurs propos[40]. Tout au contraire, Mélody Mock, reconnait l'existence de travaux juridiques sur la notion de coup d'État[41].

Pour Carré de Malberg, le coup d'État est exclu du champ d'étude juridique : « *Il n'y a point de place dans la*

---

[39] BOYER Pierre-Xavier, « *Coup d'Etat et révolution* », in Le coup d'Etat, recours à la force ou dernier mot politique ?, (dir.) BOUTIN C. et ROUVILLOIS F., Office d'Edition Impression Librairie, 2007, p. 15 : « *Le coup d'Etat n'intéresse pas les juristes* ».

[40] SAINT-BONNET François, op. cit., p. 123 : « *Les recherches sur la notion émanent en général de non-juristes* ». Même si l'auteur nuance son propos en soulignant la Thèse d'O. Brichet, Etude du coup d'Etat en fait et en droit, 1935.

LE MANACH Catherine, La crise politique hondurienne, ou la communauté internationale face à ses contradictions. Analyse d'une levée de boucliers contre une atteinte au credo démocratique en Amérique latine, Mémoire de recherche, (dir.) Jérôme Viguier, IEP de Toulouse, 2010, p. 8 : « *Trouver des études juridiques sur le coup d'Etat, qui le traiteraient comme un processus de succession à part entière que ce soit de gouvernement ou d'Etat est loin d'être une entreprise aisée. La notion de coup d'Etat est en effet largement écartée des ouvrages juridiques et reste peu théorisée* ».

[41] MOCK Mélody, op. cit., p. 45 : « *Il existe différents traitements par les juristes* ».

science du droit public pour un chapitre consacré à une théorie juridique des coups d'État »[42]. L'auteur justifie sa pensée par le fait, qu'en cas de coup d'État ou de révolution, l'on n'est plus en présence de « *principes juridiques ni règles constitutionnelles : on ne se trouve plus ici sur le terrain du droit mais en présence de la force* »[43]. L'illustre auteur bénéficie d'un soutien, et pas des moindres : Georges Vedel. Ce soutien est implicite. En effet, Georges Vedel affirme que : « *L'État se dissout au moment précis où apparaissent des concurrents dans la détention des moyens de contrainte : ainsi, toute la féodalité est l'histoire de l'appropriation de la contrainte par une série de groupes sociaux diversifiés, imbriqués, localisés et c'est la disparition de l'État* »[44].

B. Le caractère aujourd'hui certain de la juridicité de la notion de « coup d'État »

Nous avons noté dans les précédents développements que des juristes semblent dénier une certaine juridicité au coup d'État. Le coup d'État est un fait, un évènement politique qui se produit dans la vie d'un État, mais les auteurs juridiques font preuve de frilosité lorsqu'il s'agit de voir en ce fait un fait juridique.

---

[42] CARRE DE MALBERG Raymond, Contribution à la théorie générale de l'Etat, Paris, Dalloz, 1920, réédition de 2003, p. 497.
[43] Ibidem, p. 497.
[44] VEDEL Georges, Cours de Droit Constitutionnel et d'Institutions Politiques, Paris, Les Cours de Droit, 1968-1969, p. 9.

Tout au contraire, ce travail se démarque de cette position pour voir dans le coup d'État, un fait juridique et un évènement juridique, pour trois raisons.

En premier lieu, le point de vue de Raymond Carré de Malberg implicitement soutenu par Georges Vedel peut être discuté. Car pour exclure le coup d'État du champ juridique, Carré de Malberg s'appuie sur le fait que lorsqu'un coup d'État se produit, « *on ne se trouve plus…sur le terrain du droit mais en présence de la force* », en d'autres termes, le droit disparait, la violence lui succède et règne ; par conséquent, on ne disposerait plus d'éléments ou d'outils juridiques pouvant permettre une quelconque étude ou analyse juridique du coup d'État. Bref, droit et coup d'État, ou droit et violence anarchique seraient deux notions antinomiques, qui s'excluraient mutuellement l'une et l'autre. Nous avons déjà noté que si la violence était le premier élément constitutif du coup d'État, elle n'avait cependant pas un caractère exclusif[45].

Si l'on retient l'un des éléments précités, la prise ou l'agrandissement du pouvoir, qui est le but ultime du coup d'État, on se retrouve en présence d'un fait politique. Or, dans la société contemporaine, le politique et le juridique s'imbriquent et s'influencent mutuellement. L'imbrication existe dès l'instant que c'est le droit constitutionnel qui prévoit des règles devant s'appliquer à la dévolution et à l'exercice du pouvoir. La politique est saisie par le droit,

---

[45] On a également cité quatre autres éléments : la rapidité ou la fulgurance du coup, l'appartenance des auteurs du coup à une entité étatique, la prise ou l'agrandissement du pouvoir et la violation du droit régissant la conquête du pouvoir.

comme le traduit mieux Louis Favoreu[46]. L'influence mutuelle du politique et du juridique se situe à deux niveaux. Tout d'abord, elle provient de ce que c'est le droit constitutionnel qui pose les règles du jeu politique dans un État, qui définit « *les conditions juridiques selon lesquelles s'acquiert et s'exerce le pouvoir politique* »[47]. Enfin, elle résulte également du fait que si le droit, notamment le droit constitutionnel, régit le politique, celui-ci peut s'en affranchir, comme on le constate à l'occasion d'un coup d'État réussi. Ici et à contrepied de l'affirmation de Louis Favoreu, le droit est neutralisé par la politique. En temps normal, le rapport de force penche en faveur du droit. En temps exceptionnel, le curseur se déplace plutôt du côté de la politique. La conclusion est que du fait de cette intime relation entre la politique et le droit constitutionnel, droit du pouvoir politique, les juristes devraient intégrer le coup d'État dans leur champ de recherches ou d'étude. Si l'on adhérait à cette démonstration, on reconnaitrait ainsi que le déni de juridicité dont le coup d'État fait l'objet encore de nos jours aurait dû s'estomper depuis fort longtemps, et que les juristes auraient dû s'intéresser plus au coup d'État, et l'étudier.

En deuxième lieu, on peut dire qu'il y'a bien longtemps que le droit constitutionnel a en réalité procédé de façon implicite à la prise en compte juridique du coup d'État comme fait juridique. En effet, la Constitution

[46] FAVOREU Louis, La politique saisie par le droit : alternances, cohabitation et conseil constitutionnel, Paris, Economica, 1988, 123 p.
[47] VEDEL Georges, op. cit. p. 12

Française du 4 octobre 1958, copiée par les États africains, dispose que la République a pour principe le *« gouvernement du peuple, par le peuple et pour le peuple »*[48]. Le même texte poursuit : « *La souveraineté nationale appartient au peuple qui l'exerce par ses représentants et par la voie du référendum. Aucune section du peuple ni aucun individu ne peut s'en attribuer l'exercice* »[49]. Enfin, il ajoute que « *Le Président de la République est élu pour cinq ans au suffrage universel direct* ». La combinaison de toutes ces dispositions de la Loi fondamentale Française commande explicitement de ne considérer que l'élection, comme seul mode de désignation, par le peuple Français, de ses représentants, de ceux qui doivent se voir confier le pouvoir. Cette règle induit, a contrario, une règle constitutionnelle implicite, celle ayant pour but d'interdire tout autre mode de conquête du pouvoir, notamment le coup d'État. Si la norme explicite, c'est-à-dire clairement énoncée, est l'élection, la norme implicite, norme sous-entendue, est l'interdiction du coup d'État comme mode d'accession au pouvoir. À partir de ce moment, le droit constitutionnel n'ignore pas le coup d'État en tant que fait. Le coup d'État devient aussi un fait juridique, un « *évènement juridique* »[50].

En dernier lieu, la prise en compte du coup d'État par le droit constitutionnel contemporain n'est plus seulement implicite. Elle est devenue explicite, tel qu'on peut le

---

[48] Article 2 al. 5 de la Constitution Française du 4 octobre 1958.
[49] Article 3 al. 1er et 2ème de la Constitution Française
[50] MOCK Mélody, op. cit., p. 27.

constater dans la Constitution Centrafricaine du 30 mars 2016. Ce texte fondamental, après avoir défini la forme Républicaine de l'État[51], pose que « *Le principe de la République est le gouvernement du peuple par le peuple et pour le peuple. La souveraineté nationale appartient au peuple qui l'exerce directement par voie de référendum ou indirectement par ses représentants. Aucune fraction du peuple ni aucun individu ne peut s'en attribuer l'exercice,* ni l'aliéner»[52]. Le plus grand texte juridique centrafricain ajoute très clairement que, et c'est ce qui nous intéresse plus particulièrement, « *L'usurpation de la souveraineté nationale par coup d'État ou tout autre moyen constitue un crime imprescriptible contre le peuple Centrafricain. Toute personne ou tout État tiers qui accomplirait de tels actes aura déclaré la guerre au Peuple Centrafricain* »[53]. Cette disposition mentionne mais interdit ouvertement le coup d'État, comme moyen d'accession au pouvoir. On voit bien que le coup d'État, cette notion que les juristes sont enclins à confiner strictement dans le domaine politique, est finalement prise en compte par le droit constitutionnel contemporain. Sa juridicité est donc désormais clairement affirmée, et de surcroît par la Loi Fondamentale ; dès lors, on est fondé à affirmer que le coup d'État est un fait juridique[54], ou un « *évènement juridique* » comme le dit Mélody Mock précitée. Si la juridicité du coup d'État est

---

[51] Constitution centrafricaine du 30 mars 2016, article 24.

[52] Ibidem, article 26.

[53] Ibidem, article 28.

[54] Voir définition de fait juridique….

affirmée, sa légalité est absolument réfutée[55]. Il suit de là que le coup d'État mérite une plus grande attention de la part des juristes notamment constitutionnalistes.

Après le coup d'État du 15 mars 2003 du Général François Bozizé, les dispositions précitées ont été reprises entièrement dans la Constitution du 27 décembre 2004[56]. La République centrafricaine n'est pas le seul État à faire figurer dans sa Constitution, une disposition de ce genre. D'ailleurs, elle n'est même pas la première. Le Mali avait déjà prévu cette disposition dans sa Constitution du 27 février 1992 : « *Le fondement de tout pouvoir en République du Mali réside dans la Constitution. La forme républicaine de l'État ne peut être remise en cause. Le peuple a le droit à la désobéissance civile pour la préservation de la forme républicaine de l'État. Tout coup d'État ou putsch est un crime imprescriptible contre le peuple malien* »[57]. On peut s'interroger sur le point de savoir pourquoi ces deux pays, la République centrafricaine

---

[55] Il ne fait point de doute que l'article 18 al. 1er de la Constitution centrafricaine interdise très clairement le coup d'Etat ; il n'est donc pas un moyen légal d'accession au pouvoir.

[56] Constitution centrafricaine du 27 février 2004, article 19 :
« *Le principe de la République est le gouvernement du peuple par le peuple, et pour le peuple.*
La souveraineté nationale appartient au peuple qui l'exerce par voie de référendum ou par ses représentants.
Aucune fraction du peuple ni aucun individu ne peut s'en attribuer l'exercice ni l'aliéner.
L'usurpation de la souveraineté par coup d'Etat ou par tout autre moyen constitue un crime imprescriptible contre le peuple centrafricain. Toute personne ou tout Etat tiers qui accomplirait de tels actes aura déclaré la guerre au peuple centrafricain ».

[57] Constitution Malienne du 27 février 1992, article 121.

et le Mali, à la différence notable de bien d'autres États européens ou africains, ont pu intégrer dans leurs textes fondamentaux de telles dispositions relatives au coup d'État. La raison est simple. Ces deux États ont en commun d'avoir vécu plusieurs coups d'Etats, même si la palme d'or revient, à n'en point douter, au Centrafrique dont les multiples coups seront d'ailleurs abordés de plus près dans les lignes suivantes. Soulignons que de son côté, le Mali a connu, depuis son indépendance, plusieurs coups d'État[58].

Au terme de cette analyse, la dénégation de la juridicité au coup d'État s'explique probablement par le vécu de leurs auteurs. Les réalités occidentales étant bien différentes de celles de l'Afrique, le caractère récurrent des coups d'État en Afrique, particulièrement en Centrafrique, s'oppose à la relative stabilité des États occidentaux. Raymond Carré de Malberg a donc pu s'inspirer de son vécu pour dénier toute juridicité à la notion de coup d'État. Or, l'illustre auteur ne pouvait nullement ignorer le coup d'État de Louis Napoléon Bonaparte, intervenu le 18

---

[58] Le premier coup d'Etat au Mali eut lieu le 19 novembre 1968, lorsque le Président Modibo Keita, qui était en fonction depuis le 22 septembre 1960, fut renversé par le Lieutenant Moussa Traoré. Ce dernier va régner jusqu'au 26 mars 1991, où le colonel Amadou Toumani Touré le dépose, assure la transition politique jusqu'au 8 juin 1992 et cède la place au nouveau Président élu, Alpha Oumar Konaré. Elu Président de la République le 08 juin 2002, le désormais général Amadou Toumani Touré, sera évincé de son trône le 22 mars 2012, par le capitaine Amadou Sanogo. Entre 2020 et 2021, un double coup d'Etat militaire au Mali : d'abord le 18 août 2020 suivi de la désignation par la junte militaire de Bah Ndaw comme Président de la République, puis le 28 mai 2021 l'auto-proclamation présidentielle du Colonel Assimi GOITA.

brumaire An VIII (9 novembre 1799). On note que plus d'un siècle sépare le coup de Napoléon de l'assertion de Carré de Malberg qui parait en 1920. Bref le célèbre auteur n'a pas lui-même vécu l'évènement précité et ce fait ne représente pour lui qu'un caractère historique bien lointain. Il est fort probable que l'auteur aurait eu une pensée différente s'il avait lui-même vécu cet évènement, ou vécu du temps de cet évènement, ou encore s'il vivait aujourd'hui en République centrafricaine où les coups d'État sont devenus cycliques. Le raisonnement qui précède induit la relativité du droit constitutionnel. Cette science juridique est fondée sur les réalités sociales et les exigences de chaque époque. Chaque État dispose de sa propre Constitution, même si des similitudes peuvent être constatées.

Si le coup d'État est ainsi admis comme un évènement juridique, cette juridicité ne s'accompagne nullement d'une légalité. Tous les auteurs s'accordent sur le point de l'illicéité de l'acte du coup d'État. Le coup d'État viole la Constitution, précisément la règle de dévolution du pouvoir et constitue de ce fait un acte totalement illégal. Toutes les définitions précitées et celles non présentées ici mettent en relief ce caractère illégal du coup d'État. Cependant, cette illicéité du coup d'État qui relève pourtant du truisme est relativisée par un auteur, Serge Velley pour qui l'hypothèse d'un *coup d'État légal* n'est pas à exclure[59]. L'auteur défend sa thèse en

---

[59] VELLEY Serge, « *Du coup d'Etat légal* », in CHAMPEIL-DESPLATS Véronique et FERRE Nathalie, Frontières du droit,

s'appuyant sur deux notions : le *coup d'État formellement légal* et le *coup d'État matériellement légal*. Cette thèse peut cependant susciter une objection, celle de savoir comment un coup porté contre l'État peut revêtir un caractère légal. Juridiquement, un coup sous-entend une irrégularité, une illégalité. Ce qui est légal ne saurait être un coup. Coup[60] et légalité sont deux notions antinomiques. Elles s'excluent mutuellement l'une et l'autre. Or, l'État est le cadre légal par essence ; né de façon politique, l'État fonctionne selon les lois établies. Par conséquent, juridiquement, l'expression « *coup d'État légal* » ne doit être considérée que comme un oxymore. C'est sous les angles de la juridicité et de l'illégalité que seront étudiés les coups d'État qui se sont produits en Centrafrique depuis l'indépendance.

---

critique des droits : billets d'humeur en l'honneur de Danièle Lochak, Paris, LGDJ, 2007, pp. 223-230.

[60] Selon MOCK Mélody, op. cit, p. 22 : « *Le coup vient du bas latin colpus, du latin classique colaphus. On le retrouve aussi en Grec Kolaphos qui signifie soufflet (Le petit Larousse illustré, HER, 2001, p. 271). Mouvement par lequel un corps matériel vient en heurter un autre (voir Micro Robert, Dicorobert Inc., 1988, p. 228, ainsi que les citations suivantes), un coup surprend, il est vecteur d'un changement soudain, il est brusque. Le coup a une connotation assez péjorative et désagréable ; il est lié à la violence, à la force. C'est un choc rapide et plus ou moins violent d'un corps qui vient en frapper un autre. Le coup est souvent associé à un autre nom qui marque le coup donné, ou qui le qualifie. C'est le cas du coup de pied, du coup de poing ou du coup d'œil. C'est un geste ou mouvement rapide que l'on fait avec une partie du corps. A la fois conséquence et moyen, le coup implique un impact, un choc, une collision, que nous traduisons politiquement et constitutionnellement par une rupture...* ».

SECTION II : LE COUP D'ÉTAT PRATIQUEMENT ERIGE EN MODE ALTERNATIF D'ACCESSION AU POUVOIR

En République centrafricaine, le seul mode constitutionnel d'accession au pouvoir demeure immuablement l'élection. Mais au fil de l'histoire, une voie inconstitutionnelle c'est-à-dire le coup d'État, est née et est depuis empruntée par l'homme politique centrafricain. La reproduction de cette pratique politique dans l'histoire centrafricaine, quasiment au moins une fois par décennie depuis le 1er décembre 1958, a conduit à voir, à côté de l'élection, le coup d'État comme un second moyen d'accession au pouvoir. Ce constat est corroboré par une déclaration du Président François Bozizé le 10 août 2013 sur les ondes de Radio France Internationale (RFI), quatre mois après son renversement par Michel Djotodia : « *si l'occasion se présente, je souhaite reprendre le pouvoir* »[61]. Il ressort clairement de cette expression que pour cet ancien Président, déjà putschiste le 15 mars 2003, le coup d'État constitue bel et bien une voie d'accession au pouvoir, mise à part l'élection. Ainsi, le coup d'État est en quelque sorte désormais inscrit dans le subconscient des Centrafricains, qu'il s'agisse des hommes politiques ou des citoyens. D'un côté, les hommes politiques impopulaires se sachant

---

[61] http://www.rfi.fr/afrique/20130810-francois-bozize-centrafrique-reprendre-pouvoir-seleka-djotodia-rca ; voir également « Centrafrique, le Président déchu Bozizé est en France », in Jeune Afrique du 10 août 2013, DEPAFP20130810173738

d'avance perdants ou ayant déjà perdu aux élections n'hésitent pas à s'engouffrer dans cette voie illégale pour parvenir au pouvoir. De l'autre côté, les citoyens, en fonction de leur appartenance ethnique ou autre proximité avec tel ou tel homme politique, peuvent appuyer un projet de coup d'État ou encore acclamer un président autoproclamé ou se retrouver dans son gouvernement de fait.

Il apparait ainsi nécessaire de procéder à la description des différents coups d'État qui ont jalonné jusqu'ici la vie politique et l'histoire centrafricaines. À cet égard, il nous parait méthodique de traiter séparément les coups d'État réussis qui rendent ineffectives les règles constitutionnelles relatives au pouvoir exécutif (I) d'une part, et les coups d'État manqués qui, même sans exploser les règles constitutionnelles précitées, impactent sérieusement à bien d'égards le fonctionnement de l'État (II).

Il n'est donc pas sans intérêt de souligner que toute étude des phénomènes politiques en Centrafrique ne saurait s'affranchir de la nécessité de rendre compte de la pratique très récurrente des coups d'État débouchant sur des auto-proclamations présidentielles. La description ci-après des différents coups d'État enregistrés en Centrafrique a une vertu très pédagogique, car elle permet au constitutionnaliste de comprendre comment en pratique le pouvoir est conquis, les moyens et les stratégies de conquête du pouvoir, la soif du pouvoir des acteurs, comment les politiques centrafricains sont prêts à tout pour arriver au pouvoir, et de comprendre pourquoi le pouvoir, qui doit être dévolu par voie d'élection tel que prévu par la constitution, se retrouve finalement à la portée de tous avec de graves conséquences sur le plan juridique et institutionnel.

Tout constitutionnaliste non centrafricain qui lit ce travail peut a priori être surpris et ne pas comprendre la description faite ici des différents coups d'État. Mais qu'il se rassure vite : c'est une démarche pédagogique utile devant précéder l'analyse juridique qui fera, dans un second temps, l'objet de la seconde partie : les conséquences constitutionnelles, institutionnelles de ces faits illégaux.

C'est aussi là toute la différence entre l'étude du pouvoir exécutif en France où le constitutionnaliste n'a pas à traiter des coups d'État, mais se limite au mode constitutionnel qui est l'élection. Si le coup d'État était aussi récurrent en France, il ne fait point de doute que les constitutionnalistes français l'intégreraient dans leurs réflexions et analyses comme nous allons devoir le faire dans les lignes suivantes.

I. L'ACCAPAREMENT REUSSI OU EFFECTIF DU POUVOIR

Cette question mérite d'être traitée selon deux contextes précis de l'histoire politique centrafricaine à savoir, la période d'avant l'avènement de la démocratie et celle enclenchée avec le début de la décennie 1990.

On dénombre cinq (5) coups d'État réussis en République centrafricaine depuis la naissance de l'État centrafricain.

A. *Les coups d'État réussis dans la République centrafricaine non démocratique*

1. *L'opportunisme de Jean Bedel Bokassa le 31 décembre 1965*

Huit ans après la proclamation de la République Centrafricaine, sept ans après la disparition tragique du Président Fondateur de la nation centrafricaine[62], et six ans après l'accession à la souveraineté internationale[63], le peuple centrafricain se réveille le 1er janvier 1966 et découvre que le pouvoir a changé de main.

En effet, dans la nuit de la Saint-Sylvestre, c'est-à-dire le 31 janvier 1965, le colonel Jean Bedel Bokassa, alors Chef d'Etat-major des Forces Armées Centrafricaines (FACA), bénéficiant de la complicité du Capitaine Alexandre Banza, Commandant du Bataillon de l'Armée déclenche une opération militaire pour ravir le pouvoir au Président David Dacko. Il faut souligner que lors de la rencontre qui a opposé les deux hommes dans la matinée du 31 janvier 1965, le Colonel Jean-Bedel Bokassa réussit à

---

[62] Le Président Fondateur Barthélémy Boganda a été tué le 29 mars 1959 dans un accident d'avion qui le ramenait de la ville de Berbérati.
[63] L'indépendance nationale a été proclamée le 13 août 1960.

berner son cousin de Président : l'organisation dans la nuit de la Saint-Sylvestre, d'une manœuvre militaire destinée à mieux préparer l'armée à intervenir en cas de déclenchement de la grève généralisée annoncée pour le début de l'année 1966[64]. David Dacko ne pouvait donc se douter de rien, et le plan de Bokassa pouvait se dérouler sans accroc.

Convié par Jean Izamo, Commandant de la Gendarmerie à fêter la Saint-Sylvestre à son domicile, Bokassa tel un renard, prétexte une panne de voiture et obtint de ce dernier qu'il vienne le chercher au Camp Deroux. À son arrivée, jean Izamo réputé fidèle au Gouvernement de David Dacko est vite neutralisé ; il sera « *lardé de coups de sabre par le Colonel Bokassa, agonisera longuement, enfermé sous la terrasse de sa Résidence* »[65]. De ce fait, c'est la gendarmerie nationale qui est ainsi neutralisée.

Le Président David Dacko prévenu de l'arrestation de Jean Izamo, se réfugie sur la route de Mbaïki mais se ravise et rentre finalement à Bangui où il est immédiatement « *arrêté au rond-point de Pétévo par le Lieutenant Kongo* »[66] et ramené dans un premier temps au Palais de la Renaissance[67]. David Dacko fut emmené ensuite à Bangui

---

[64] FRANÇAIS Jean, Le putsch de Bokassa : histoire secrète, Paris, L'Harmattan, 2004, pp. 65-66.

[65] FRANÇAIS Jean, Le putsch de Bokassa : histoire secrète, op. cit., p. 66

[66] SERRE Jacques, Biographie de David Dacko, premier Président de la République Centrafricaine : 1930-2003, Paris, L'Harmattan, 2007, p. 88.

[67] Palais de la Renaissance, palais présidentiel.

Rock Club où avait lieu une soirée et Bokassa, monté sur la piste de danse, et dans une allocution improvisée devant des Européens présents, déclara ceci « *Voilà Dacko qui a vendu la République Centrafricaine à Israël, à la Chine et à l'URSS. J'ai fait un coup d'État, je l'arrête. J'arrache la République Centrafricaine à ces pays et je la rends à la France. Vive la France* »[68] ; allocution saluée par des applaudissements.

Enfin, le Président David Dacko est conduit dans la Jeep de Bokassa à la prison de Ngaragba où Jean-Bedel Bokassa fit libérer tous les prisonniers et leur déclara en substance : « *Je mets fin à l'injustice du Président Dacko qui vous a enfermés à Ngaragba sans motifs. Vous êtes libres* »[69]. Les prisonniers humant l'air frais de la liberté « *se répandirent en ville en acclamant Bokassa* »[70].

C'est précisément au Camp Kassaï, que David Dacko, écrit, sous la contrainte et sous la dictée du Commandant Banza, la formule de sa propre démission : « *Ce jour 1er janvier 1966 à 3h20, nous David Dacko, Président de la République Centrafricaine, Président du Gouvernement, Ministre de la Défense Nationale, remettons nos pouvoirs au Chef d'État-major, le Colonel Jean-Bedel Bokassa. Fait à Bangui le 1er janvier 1966. David Dacko* »[71]. La publication de ce texte sur les ondes de la Radio Nationale sera suivie d'une déclaration d'auto-proclamation

---

[68] SERRE Jacques, op. cit., p. 89.
[69] Ibidem, p. 89.
[70] Ibidem, p. 89.
[71] Ibidem, p. 89. Voir également DELPEY Roger, La manipulation, Paris, J. Grancher, 198, p. 22.

présidentielle par le Colonel Jean-Bedel Bokassa : « *Depuis 3h20, votre armée a pris le pouvoir de l'État. Le gouvernement Dacko est démissionnaire. L'heure de la justice a sonné* »[72].

Très longtemps après, on en sait plus sur le coup d'État. Tout d'abord, David Dacko se défend d'avoir vendu son pays à la Chine, à Israël et à l'URSS, comme l'avait allégué Bokassa, mais admet avoir seulement été parmi les premiers pays à reconnaître officiellement ces États[73]. Bokassa donne, plus de vingt ans après, une toute autre version des faits[74]. Mais à en croire Roger Delpey, le Président Dacko, constatant l'échec de sa politique, aurait, à plusieurs reprises, offert sa démission à ses ministres qui l'auraient refusée à chaque fois[75]. Aussi, à l'origine, ce serait Jean Izamo, le Commandant de la Gendarmerie qui préparait un coup d'État, et le Colonel Jean Bedel Bokassa

---

[72] FOKA Alain, « *Portrait de Jean-Bedel Bokassa (1/4)* », in Archives d'Afrique, émission de Radio France Internationale (RFI), 12 juillet 2010.

[73] Ibidem, Vol. I.

[74] FOKA Alain, « *Portrait de Jean-Bedel Bokassa (1/4)* », op. cit., Vol. I. : « *Je suis devenu homme politique par la force des choses. On peut dire que j'ai fait un coup d'Etat, mais en réalité je n'ai pas fait un coup d'Etat. C'est Dacko qui a commis une bêtise, une erreur en voulant me faire assassiner mais comme cela ne lui a pas réussi, il était obligé de démissionner. C'est une erreur de sa part de m'envoyer des tueurs. Ils ont ouvert le feu sur moi, j'étais là sur place et les balles ne faisaient que ricocher sur mon corps. D'aucuns parleraient de fétiches mais ce n'est pas vrai. Il s'agit d'une protection divine. Pourquoi cette protection de la part de Dieu ? Eh bien, je n'en parle pas aujourd'hui. De toute façon, les gens ne me croiront pas aujourd'hui. Mais demain, une fois que je serai mort, la vérité jaillira bien un jour et les gens seront obligés de me croire* ».

[75] DELPEY Roger, La manipulation, Paris, J. Grancher, 1981, p. 22.

aurait, en grand opportuniste, saisi l'occasion en plein vol, pour prendre le putschiste de vitesse, le neutraliser et s'emparer du pouvoir. La thèse de l'opportunisme de Bokassa est aussi défendue par le journaliste Alain Foka de Radio France Internationale[76].

Après son coup d'État, Bokassa suspend la Constitution du 26 novembre 1964, dissout l'Assemblée Nationale. Quant au Conseil Constitutionnel et au Conseil Économique et Social, ils sont carrément supprimés. Pour combler le vide constitutionnel ainsi créé, deux Actes Constitutionnels (N° 1 et 2) sont promulgués les 4 et 8 janvier 1966. Mais initialement pris pour organiser provisoirement les pouvoirs publics suite au coup d'État, les deux textes vont avoir une longue durée de vie (onze ans) puisqu'il faudra attendre la publication de la Constitution impériale du 4 décembre 1976 pour qu'ils soient abrogés.

2. L'opération Française « Barracuda » du 20 septembre 1979, ou la revanche de David Dacko

Quand l'Empereur Bokassa 1er de Centrafrique s'envole le 20 septembre pour une visite officielle en Libye, il ne doute pas un seul instant qu'il s'agissait de son départ définitif du pouvoir. Ce jour-là, et si l'on en croit les

[76] FOKA Alain, « *Portrait de Jean-Bedel Bokassa (1/4)* », op. cit., Vol. I.

témoignages du Président David Dacko[77], la France, lassée par les foucades et pantalonnades de celui que le Général de Gaulle appelait « *le soudard* »[78], fait embarquer au matin l'ancien Président David Dacko sur un DC8 militaire et des troupes et des véhicules dans un Transall à destination de Bangui. Après une escale à Ndjamena au Tchad voisin, les éléments de l'opération « *Barracuda* », atterrissent à Bangui à 23h00. C'est la débandade chez les militaires centrafricains. David Dacko est directement dirigé vers la Radio nationale pour s'adresser à la nation. Mais son allocution sera précédée d'une annonce de Massamba Ngolio[79]. Après une brève musique militaire et l'hymne centrafricain David Dacko s'adresse au peuple centrafricain[80].

---

[77] SERRE Jacques, op. cit., p. 89 et s.

[78] FOKA Alain, « *Portrait de Jean-Bedel Bokassa (1/4)*, op. cit. Vol. 3.

[79] Ibidem, Vol. III : « *Ici Massamba Ngolio. Bangui République Centrafricaine, 20 septembre 1979. Il est 23h55. Cette nuit, s'est produit enfin ce que nombre de centrafricains depuis quatorze (14) ans soumis à un régime dictatorial attendaient avec impatience, le retour à la République. Ce retour se sera effectué dans le calme parfait et la joie, cette joie qui anime tous ceux qui recouvrent la liberté après l'avoir perdue* ».

[80] FOKA Alain, op. cit., Vol. 3. : « *Notre pays s'effondre. Le régime détesté qui l'exploite depuis tant d'années s'est décomposé. Son dernier acte a été marqué par le massacre des enfants de Bangui, qui a entamé enfin la vague de réprobation universelle qui va balayer ce régime. Après réflexion, aidé en cela par la volonté exprimée malgré les dangers, par beaucoup d'entre vous, par des manifestations spontanées, par des inscriptions sur les murs en janvier, en avril, par l'aide et l'encouragement de nos amis de l'extérieur qui restent nombreux...j'ai pris la décision de rétablir la République Centrafricaine et de vous appeler officiellement à vous unir à moi aujourd'hui pour renverser la monarchie de Bokassa, élaborer le*

Après cette allocution, le deuxième Président autoproclamé regagne, sous bonne escorte, le Palais de la Renaissance. Afin de sécuriser Bangui, des détachements français se déploient autour des points stratégiques notamment le port pétrolier, le central téléphonique et le camp militaire. Du fait de la débandade des Forces Armées Centrafricaines (FACA), de nombreux pillages sont constatés un peu partout dans la capitale. La rue exulte de joie, chante, danse pour saluer la fin de l'Empire. David Dacko, chassé du pouvoir quatorze ans plus tôt, tient enfin sa revanche contre son tombeur de cousin.

Le pouvoir exécutif centrafricain vient donc de basculer brutalement, et pour la deuxième fois. Si, en effet, on note que l'opération s'est déroulée dans le calme, c'est pour deux raisons principales. La première explication tient à l'absence de l'empereur Bokassa en voyage chez le Guide Libyen Mouammar Kadhafi pour « *demander l'aide et des fonds à Kadhafi, en échange d'une implantation politique et militaire de la Libye en République centrafricaine* »[81]. La seconde raison c'est sans doute une très bonne préparation de l'opération par les officiers Français qui avaient, faut-il le relever, envoyé discrètement quelques officiers à Bangui

---

programme d'union nationale qui va permettre le retour de la liberté. J'ai pris la tête de ce gouvernement de salut public en ma qualité de seul Chef d'Etat centrafricain élu par vous au suffrage universel. Au nom de ce gouvernement de salut public et du peuple centrafricain, je proclame solennellement la déchéance de l'empereur Bokassa 1er ».

[81] SERRE Jacques, Biographie de David Dacko, premier Président de la République Centrafricaine : 1930-2003, Paris, L'Harmattan, 2007, p. 121.

pour repérer les objectifs et notamment étudier la prise de contrôle de l'aérodrome de M'Poko[82].

Avec ce coup de force, ce sont les institutions impériales qui se trouvent définitivement emportées, mais par formalisme, David Dacko prend le 21 septembre 1979 l'Acte Constitutionnel du 21 septembre 1979 lequel rétablit la République[83]. Dacko crée la fonction de Vice-président et la confie à Henri Maïdou, le dernier Premier Ministre de Bokassa. Le 25 septembre 1979, David Dacko forme un nouveau gouvernement dit de « *salut public* » que dirige le Premier Ministre Bernard Ayandho.

3. Le coup d'État du général André Kolingba le 1er septembre 1981

Jusqu'ici, depuis la proclamation de la République le 1er décembre 1958, le pouvoir exécutif est conquis et détenu par des Centrafricains tous membres de l'ethnie Ngbaka et originaires de la Préfecture de la Lobaye. Mais le 1er septembre 1981, le Général André Kolingba, de l'ethnie Yakoma et originaire de la Préfecture du Mbomou, Chef d'Etat-Major de l'armée centrafricaine, renverse le Président David Dacko, et prend le pouvoir.

Il importe de préciser que suite aux élections du 15 mars 1981 remportées par David Dacko et vivement

---

[82] Ibidem, p. 121.

[83] Texte reproduit in BRETON Jean-Marie, L'Acte Constitutionnel du 21 septembre 1979 portant organisation provisoire des pouvoirs publics en République Centrafricaine, Revue Juridique et Politique-indépendance et coopération, Paris : Idiena, N°2, avril-juin 1980, pp. 555 à 563

contestées par la plupart des leaders politiques dont Ange Félix Patassé, François Péhoua et Abel Goumba, le climat politique laissait présager la survenance du coup de force du Général Kolingba. Le pays était complètement paralysé sur tous les plans.

Vrai coup d'État ou faux coup d'État ? Pour certains, c'est le Général André Kolingba lui-même qui a opéré le coup de force. D'autres, en revanche, privilégient la thèse selon laquelle c'est David Dacko qui aurait cédé de lui-même le pouvoir à Kolingba. La seconde hypothèse est considérée par David Dacko[84]. Le président David Dacko explique son geste par son souci d'un dénouement pacifique de la crise sociopolitique devenue très aiguë, car, à ses yeux, une répression par la force des mouvements de contestation aurait entraîné « *des morts* »[85]. Quant à Pierre Saulnier, Dacko ne pouvait qu'abandonner le pouvoir du fait de sa « *maladie* » et de « *ses difficultés à gouverner* »[86].

---

[84] SERRE Jacques, op. cit., p. 126 : « *Le 1er septembre, dès 5 heures du matin, j'appelai le Général Chabannes qui commandait le détachement français, je convoquai Kolingba, et le Colonel Mantion, directeur de la sécurité présidentielle. Je notifiai au général Kolingba que je confiais le pouvoir à l'armée pour que le calme revienne, que les gens reprennent le travail, pour éviter les désordres et pour répondre aux demandes des partis politiques et des syndicats. Je communiquai à Kolingba le discours manuscrit que j'avais préparé à son intention pour qu'il aille faire une déclaration à la radio. C'est exactement celle qu'il a lue. J'avais demandé à Kolingba d'organiser de nouvelles élections à la présidence de la République dans un délai de six mois, ou si cela était nécessaire deux ans au plus* ».

[85] Ibidem, p. 126

[86] SAULNIER Pierre, Le Centrafrique : entre mythe et réalité, Paris, L'Harmattan, 1997, p. 112.

Enfin, un autre auteur, Auguste Ténè-Koyzoa confirme davantage cette thèse[87].

Les institutions républicaines sont dissoutes. Le général André Kolingba suspend la Constitution du 5 février 1981. La configuration de l'exécutif est modifiée.

Primo, le poste de Premier Ministre est supprimé, marquant ainsi le retour au monocéphalisme.

Secundo, et fait nouveau, l'exécutif devient un organe collégial, par la création d'un Comité Militaire de Redressement National (CMRN), en vertu de l'Acte Constitutionnel N° 1 du 1er septembre 1981.

L'Acte Constitutionnel N° 2 est pris pour fixer l'organisation provisoire des pouvoirs de l'État, et interdire aussi l'activité des partis politiques. Plus tard, le 7 mai 1985, Kolingba crée le Rassemblement Démocratique Centrafricain (RDC), parti unique.

B. Les coups d'État réussis dans la République centrafricaine démocratique

1. Le coup d'État du général François Bozizé Yangouvonda le 15 mars 2003

[87] TENE-KOYZOA Auguste, Centrafrique : histoire économique et sociale au 20ème siècle, Paris, L'Harmattan, 2006, p. 193 : « *Devant la dégradation de la vie publique et économique, le Président Dacko sera obligé de céder une seconde fois son pouvoir à l'armée, dirigée par le chef d'état-major, le général d'armée André Kolingba* ».

Le 15 mars 2003, François Bozizé, ancien Chef d'Etat-major de l'armée centrafricaine s'empare du pouvoir à Bangui. Le Président Patassé est absent du pays ; il prenait part au Sommet des Chefs d'État de la Communauté des États Sahélo-Sahariens (CEN-SAD) à Niamey (Niger). L'avion qui le ramenait à Bangui a essuyé des tirs dès l'amorce de son atterrissage au-dessus de l'aéroport de Bangui M'Poko. De ce fait, l'avion disparaît du ciel centrafricain et va se poser à Yaoundé (Cameroun)[88] où il séjourne un moment avant de s'exiler ensuite au Togo, pour la seconde fois de sa vie. Patassé jusque-là recordman de résistance aux coups d'État, est enfin démystifié avec cette sixième tentative[89].

Auparavant, depuis Paris où il avait trouvé refuge après son séjour Tchadien, François Bozizé entretenait, à distance et dans le nord centrafricain, une rébellion dénommée « *Les libérateurs* ».

Le 15 mars 2003, c'est avec l'aide des éléments Tchadiens appelés « *Zakawas* » que Bozizé et les « *Libérateurs* » réussissent à renverser le Président Ange Félix Patassé, démocratiquement élu en 1993 puis réélu en 1999. Les rebelles putschistes partis du nord gagnent rapidement la capitale Bangui qu'ils prennent sans

---

[88] AYAD Christophe, « *Putsch fatal à Patassé en Centrafrique* », in journal Libération, 17 mars 2003, p. 9

[89] LALOUPO Francis, « *La lente chute de Patassé* », in Le Nouvel Afrique Asie, N°163 – Avril 2003, p. 6.

difficulté, comme le témoigne Libération[90]. Hormis une poignée d'éléments de la Garde Présidentielle, les forces loyalistes sont invisibles. Quant aux troupes de la Force Multinationale de l'Afrique Centrale (FOMAC) pourtant présentes à Bangui au moment de l'entrée des « *libérateurs* », elles restent en retrait.

Les putschistes occupent les points névralgiques de la capitale tels que le Palais de la Renaissance, l'aéroport, la radio nationale, la télévision. La population se laisse aller à des actes de pillage. Les dignitaires de l'ancien régime sont ciblés les uns après les autres. Martin Ziguélé, le Premier Ministre est activement recherché, son domicile est attaqué à l'arme lourde mais il réussit néanmoins à se réfugier à l'Ambassade de France à Bangui avant de se voir accorder l'asile politique en France. D'autres dignitaires tels le Député Joseph Boykota Zouketia et l'ancien Premier Ministre Jean Edouard Gabriel Koyambounou du Mouvement de Libération du Peuple Centrafricain (MLPC) sont arrêtés et seront emprisonnés de longs mois. Tard dans la soirée du 15 mars 2003, François Bozizé s'adresse à la nation et annonce la l'abrogation de la Constitution du 14 janvier 1995, du Gouvernement et de l'Assemblée Nationale et informe le peuple de l'instauration d'une période de transition politique[91]. Des Actes

---

[90] AYAD Christophe, « *Putsch fatal à Patassé en Centrafrique* », in journal Libération, 17 mars 2003, p. 9 : *« Aucune résistance. La population et même l'armée centrafricaines étaient tellement lasses des excès et des turpitudes d'AFP (le surnom de Patassé) qu'elles n'ont opposé aucune résistance à l'entrée des rebelles par le nord de la capitale, samedi »*

[91] Ibidem, p. 9

Constitutionnels sont pris par le nouvel homme fort du pays. Un Conseil National de Transition et une Cour Constitutionnelle de Transition font provisoirement office respectivement d'Assemblée Nationale et de Cour Constitutionnelle. L'opposant historique Abel Goumba se voit confier la Primature le 23 mars 2003, avant d'en être écarté au profit de Célestin Leroy Gaombalet le 12 décembre de la même année. Les principaux acteurs et les adversaires politiques d'Ange Félix Patassé tels Abel Goumba saluent le coup d'État et y voient plutôt une sorte de sursaut patriotique du peuple centrafricain *:* « *Ce coup d'État ne pouvait s'apparenter à un coup d'État classique, car il avait débarrassé le pays d'un dictateur qui a amené la misère* »[92].

2. Le coup d'État de la coalition rebelle « Séléka » du 24 mars 2013

Le 24 mars 2013, la coalition rebelle dénommée « *Séléka* » prend la capitale et renverse le Président François Bozizé. Mais avant d'en savoir un peu plus sur le contexte du coup de force en question, il importe, au préalable, de présenter brièvement la coalition Séléka. En langue nationale Sango, Séléka signifie : Alliance. Cette coalition voit le jour en août 2012 et est constituée d'abord

[92] Déclaration publique d'Abel Goumba, citée par Radio France Internationale (RFI), voir rubrique Archive sur www.rfi.fr

de quatre mouvements rebelles : la Convention des Patriotes pour la Justice et la Paix (CPJP) du Général Nourredine Adam, l'Union des Forces Démocratiques pour le Rassemblement (UFDR) de Michel Djotodia, la Convention Patriotique du Salut du Kodro (CPSK) du Général Mohamed Moussa Dhaffane. Plus tard, le 19 décembre 2012, cette coalition enregistrera l'adhésion du Front Démocratique du Peuple Centrafricain du général Abdoulaye Miskine[93]. La présence de ce dernier groupe rebelle au sein de Séléka sera très éphémère puisque bien avant la prise de la capitale le 24 mars 2013, les communiqués de presse et déclarations officiels de Séléka ne feront plus mention de la composante FDPC[94].

---

[93] « *Nos forces continuent de s'élargir car ce matin, nous avons été rejoint par le FDPC d'Abdoulaye MISKINE ...* » affirme à Reuters le colonel Zoundeko de Séléka : voir http://www.centrafrique-presse.info/site/info-annonce_et_divers-2037.html

[94] Il faut noter que plus de deux mois après le renversement de Bozizé, c'est-à-dire, le 03 juin 2013, le FDPC se signale dans la Nana-Mambéré par l'enlèvement de dix paysans à la frontière avec le Cameroun (Garoua-Mboulai) tout en exigeant une rançon de dix millions de F CFA. Le 04 juin, un affrontement sanglant met aux prises la coalition rebelle désormais au pouvoir et le FDPC. Le bilan officiel est lourd ; on dénombre, en effet, quatre morts, des blessés et des prisonniers dans les rangs du FDPC, sans oublier d'importants matériels récupérés après la mise en débandade de ces éléments : http://www.afrik.com/centrafrique-quatre-morts-dans-des-combats-entre-la-seleka-et-le-fdpc

Après leur alliance, les différents mouvements décident de confier la direction politique à Michel Djotodia, le Secrétariat Général à Justin Kombo Moustapha et la communication à Eric Massi. Avant de se fusionner, ces mouvements rebelles écumaient depuis bien longtemps déjà le territoire centrafricain dans sa partie Nord et Est.

Ces groupes combattaient séparément le régime du Général Bozizé avec pour but de le renverser mais sans succès, empêchés en cela par le Tchad et même la France dont l'aviation a permis par exemple d'enrayer les menaces rebelles en 2006[95]. Les multiples accords de paix conclus entre les mouvements rebelles et le pouvoir de Bozizé n'ont pas été traduits en actes. Les rebelles s'estimant floués, année après année, vont se concerter et décider d'un mariage de raison afin d'avoir raison du régime de Bozizé, d'où la naissance de « *Séléka* ».

Le 10 décembre 2012, la coalition déclenche les hostilités dans la partie frontalière avec le Sud-Soudan nouvellement indépendant[96].

L'application des accords de Libreville conclus le 11 janvier 2013 va se heurter à la mauvaise foi de Bozizé. Tout d'abord, alors que l'opposition démocratique à laquelle revenait désormais le poste de Premier Ministre avait désigné Nicolas Tiangaye, le Président Bozizé manifeste clairement son refus de ce choix, et manœuvrer pour susciter d'autres candidatures, contrairement à l'Accord

---

[95] BOLTANSKI Christophe, « *Bangui, ville de la peur* », in journal Le Nouvel Observateur, N° 2532 du 16 mai 2013, p. 60.

[96] Son avancée vers la capitale est tellement fulgurante et menaçante que la Communauté Economique des Etats de l'Afrique Centrale (CEEAC), réussit à organiser des pourparlers de paix entre le pouvoir en place à Bangui et la coalition ; d'abord à Ndjamena du 20 au 21 décembre 2012 pour une concertation des Chefs d'Etat, ensuite à Libreville où deux Accords sont signés, l'un politique et l'autre militaire (cessez le feu). La ville de Damara située à 75 km de la capitale est déclarée « *ligne rouge* » à ne pas franchir par les deux parties aux conflits, et est placée sous l'observation des troupes de la FOMAC.

Politique de Libreville[97] ; il essaie en vain de susciter d'autres candidatures au sein de la classe politique mais face aux pressions de toutes parts, il finit par signer le 17 janvier, en public, à l'issue d'une rencontre humiliante pour l'opposition et Séléka[98], le Décret de nomination de Nicolas Tiangaye à la Primature. Ensuite, pour la constitution du gouvernement, Bozizé traîne en longueur et finit par faire publier le dimanche 3 février 2013, après trois semaines d'attente, la liste finale du gouvernement, et sans l'accord final du Premier Ministre Nicolas Tiangaye. La surprise est de taille puisque Bozizé a doublé tous les postes qu'il a cédés à Séléka et à l'opposition. Par ailleurs, Bozizé s'emploie à nommer parmi ses soutiens des ministres à la Présidence, constituant un gouvernement parallèle.

[97] L'article 4 de l'Accord Politique de Libreville dispose : « *Le Gouvernement d'Union Nationale est dirigé par un Premier Ministre, Chef du Gouvernement, issu de l'opposition* ».

[98] Lors de cette rencontre convoquée par Bozizé lui-même et tenue au Palais de la Renaissance, le Président Bozizé a laissé ses partisans s'en prendre verbalement mais violemment aux leaders de l'opposition tels Martin Ziguélé du Mouvement de Libération du Peuple Centrafricain (MLPC) et Nicolas Tiangaye d'être les bras politiques de la coalition rebelle Séléka. Les partisans de Bozizé vont même l'inciter à ne pas nommer Nicolas Tiangaye à la Primature et lui demander publiquement de passer outre les Accords de Libreville pour nommer un autre fils du pays Premier Ministre car les membres de l'opposition démocratique sont des traîtres qui refusent de condamner la lutte antidémocratique de Séléka. C'est après environ 45 minutes d'horloge que Bozizé, en public, va conclure en de termes quelque peu méprisants : « *Comme Tiangaye veut le poste de Premier Ministre, je vais le* nommer » ; et après, le Président Bozizé prend son stylo et signe le décret de nomination de son Premier Ministre en public et ajoute « *bonne chance* » à l'endroit de Nicolas Tiangaye. Ce qui annonce déjà les couleurs de la collaboration que ces deux têtes de l'exécutif devront avoir.

Les critiques fusent contre la « *énième ruse* » de Bozizé. À l'occasion de la célébration annuelle de son coup d'État du 15 mars 2003, Bozizé déclare clairement à ses partisans surchauffés, qu'il sera bel et bien candidat à l'élection présidentielle malgré le verrou constitutionnel et sa parole donnée et gravée dans l'article 1er de l'Accord politique du 11 janvier 2013 à Libreville[99]. L'indignation grandit dans l'opinion quant à la volonté réelle de Bozizé d'aller vers la paix et d'éviter la bataille tant redoutée de Bangui, la capitale. Cette déclaration de candidature du général Bozizé n'est pas sans conséquence[100].

---

[99] L'article 1er de l'Accord de Libreville dispose, en effet : « *Le président de la République demeure en fonction jusqu'au terme de son mandat en 2016. Il ne peut se présenter pour un autre mandat* ».

[100] Deux jours après la déclaration publique, par Bozizé, de sa candidature présidentielle pour 2016, cinq ministres issus des rangs de la coalition rebelle se rendent à Damara sous prétexte de discuter avec les éléments restés sur le terrain. Une fois à Damara, ils disent être retenus par leurs éléments, et exigent de Bozizé le respect de leurs exigences contenues dans les accords de Libreville : libération des prisonniers, reconnaissance des grades des rebelles, intégration de leurs troupes au sein de l'armée nationale, départ des troupes sud-africaines présentes sur le territoire, levée des barrages illégaux et l'accueil à Bangui de 2 000 hommes de la coalition. Pour finir, la coalition rebelle lance un ultimatum de soixante-douze heures au gouvernement, faute de quoi ils se remettront à parler le seul langage que Bozizé semble comprendre et respecter, celui des armes. Il y'a péril imminent et le départ du pouvoir de Bozizé retardé semble tout proche, deux mois après la signature des accords de Libreville. Le vendredi 22 mars 2013, et en l'absence de satisfaction de leurs revendications, les rebelles de la Séléka repassent à l'offensive et ouvrent deux fronts. Dans un premier temps, Séléka fait sauter le dernier verrou stratégique (ville de Damara) situé à 75 km de la capitale centrafricaine et neutralise les soldats loyalistes.

La coalition annonce officiellement son intention de prendre la capitale[101] désormais réduite à quelques km de route, et la panique s'installe à Bangui[102]. La stratégie militaire de conquête du pouvoir se déploie de plus en plus[103]. Le samedi 23 mars 2013, les évènements s'accélèrent encore plus sur le terrain[104], et le 24 mars 2013, Michel Djotodia prend le pouvoir.

---

[101] Eric Massi, Porte-Parole de Séléka déclare : « *Nos troupes viennent de prendre Damara. Nous appelons tout le monde, civils et militaires, au calme avant l'arrivée de nos troupes à Bangui, afin d'éviter des combats inutiles* », http://www.sangonet.com/afriqg/PAFF/Dic/actuC/ActuC11/seleka-villes-occup-22ms2013.html

[102] http://www.sangonet.com/afriqg/PAFF/Dic/actuC/ActuC11/seleka-villes-occup-22ms2013.html : les bureaux administratifs et commerces se vident, certains habitants tentent de traverser le fleuve Oubangui-Chari vers les deux Congo voisins et les élèves sont libérés.

[103] Quant au deuxième front, on observe qu'une autre colonne rebelle a quitté Sibut, est passé par Dékoa et Bouca avant d'attaquer la ville de Bossangoa, le fief du président Bozizé, situé à 250 kilomètres de Bangui. Dans la foulée, on apprend la prise de Bossembélé, ville poudrière du régime Bozizé abritant par ailleurs la prison spéciale surnommée « *Guantanamo* ». Les rebelles libèrent tous les prisonniers et s'accaparent de l'important trésor de guerre stocké là.

[104] http://www.rfi.fr/afrique/5min/20130324-rca-suivez-evenements-republique-centrafricaine-bozize-seleka.
En effet, la colonne rebelle qui s'est emparée, la veille, de Bossangoa et Bossembélé, conquiert la ville de Boali située à 100 km de la capitale et continue sa progression. Les deux colonnes rebelles parallèles (axe Damara et axe Boali) se croisent au PK 12, l'entrée nord de la capitale. Un combat s'engage ici contre les loyalistes et les rebelles victorieux pénètrent dans Bangui, mais se positionnent durant toute la nuit à 10 km du centre-ville durant. Les rumeurs de fuite du président Bozizé circulent. La capitale est plongée dans l'obscurité, du fait de la coupure de l'électricité par Séléka au niveau de la centrale hydro-électrique de Boali. Au lever du soleil dominical du 24 mars 2013, des combats opposent les rebelles à la garde présidentielle appuyée par le contingent

S'agissant des conséquences juridiques et institutionnelles de ce coup d'État, il faut noter que la Cour Constitutionnelle était déjà de facto suspendue, conséquence immédiate de l'expiration du mandat de ses membres constatée par Décret du Président Bozizé depuis le 12 janvier 2013. Michel Djotodia prend deux Actes Constitutionnels en date du 26 Mars 2013. Par l'Acte Constitutionnel N°1, la Constitution du 27 Décembre 2004 est suspendue, le Gouvernement et l'Assemblée Nationale sont dissouts ; chose curieuse, il est mis fin aux fonctions du Président Bozizé[105]. L'Acte Constitutionnel N° 2, quant à lui, régit l'organisation provisoire des Pouvoirs publics.

Sud-Africain dépêché par le Président Jacob Zuma pour tenter de sauver la tête de l'ami personnel François Bozizé. Mais les colonnes rebelles qui ont déferlé sur Bangui remportent assez rapidement l'ultime bataille, synonyme de victoire finale. Pour officialiser leur prise de pouvoir, les rebelles se répandent dans la capitale et occupent divers points stratégiques (Palais de la Renaissance, Radio et Télévision etc.). Les Sud-Africains qui ont perdu beaucoup d'hommes, se replient au camp militaire de la FOMAC près de l'aéroport de Bangui M'Poko tenu par des soldats Français venus protéger, et si besoin est, évacuer leurs ressortissants et les européens vivant en Centrafrique. Tandis que le 24 mars 2013, Michel Djotodia s'autoproclame Président de la République, on apprend que le Président déchu, François Bozizé, ayant fui Bangui par hélicoptère a atterri d'abord au Congo Démocratique, avant de mettre le cap au Cameroun ; après des escales à Batouri et Bertoua, Bozizé arrive enfin par la route à Yaoundé, escorté par la garde présidentielle camerounaise. Il est logé dans la suite 930 de l'hôtel Hilton.

[105] On peut s'interroger sur la question de savoir en vertu de quelle compétence Djotodia, autoproclamé prend un décret pour mettre un terme aux fonctions d'un président en fuite, donc ayant démissionné de fait.

Le 27 mars, le nouvel homme fort de Bangui confirmera le Premier Ministre Nicolas Tiangaye, issu de l'Accord Politique de Libreville. Le 31 Mars 2013, le gouvernement de transition Tiangaye II est formé. Toujours dans l'esprit du sommet de Ndjamena du 18 avril 2013, le gouvernement Tiangaye III voit le jour le 13 juin 2013. Le 03 mai 2013, un cinquième Sommet de la CEEAC sur le Centrafrique a lieu à Brazzaville au Congo pour lever des fonds afin d'aider le nouveau pouvoir de Bangui à faire face aux dépenses de souveraineté notamment le paiement des salaires ; l'organisation sous-régionale a décidé d'octroyer 25 milliards de F CFA à la République centrafricaine en guise d'assistance financière. Ce sommet décide également de porter à 2000 hommes les troupes de la FOMAC pour aider à faire face à la horde des pillards écumant Bangui, visitant les domiciles privés, les bâtiments administratifs et commerces.

Le 14 juin 2013, la Communauté des États de l'Afrique Centrale (CEMAC) qui était jusqu'ici attentiste face à la crise centrafricaine, se réunit à Libreville au Gabon. Les Chefs d'État de cette sous-région, réunis à Libreville en session extraordinaire, appellent la communauté internationale au soutien du processus de transition en cours en République centrafricaine, et décident du soutien de leur organisation (CEMAC) à l'organisation sœur CEEAC, à hauteur de 25 milliards de F CFA, pour aider au renforcement de la sécurité à Bangui.

Le coup d'État du 24 mars 2013 est suivi d'une crise sécuritaire et humanitaire aigue. Contrairement à ce que les médias internationaux ont pu laisser croire, la double crise sécuritaire et humanitaire, et particulièrement aigue du 05 décembre 2013 à fin février 2014 n'était pas une guerre *confessionnelle entre musulmans et chrétiens*. Cette crise est à vrai dire *militaro-ethno-politique*. La coalition rebelle Séléka, dès son apparition, a formulé sans ambigüité des revendications *ethniques* et *politiques*. Elle a réclamé au pouvoir du général François Bozizé de meilleures conditions de vie pour les ethnies *Gula* et *Runga*, des actions pour le développement des populations du nord-est longtemps considérées comme délaissées par les régimes successifs depuis l'indépendance. Elle a en outre exigé le départ du général François Bozizé du pouvoir. Cette coalition a donc recouru aux armes pour le pouvoir. Lorsque le Président François Bozizé a été renversé, il semble que les Antibalaka, à l'origine groupes d'auto-défense contre les coupeurs de route et autres bandits sont accusés d'être politiquement instrumentalisés[106].

Par ailleurs, les milices Antibalaka sont regardées comme étant essentiellement composées de chrétiens favorables au Président Bozizé[107], et œuvrant pour le retour

---

106 http://www.afrik.com/centrafrique-accuse-d-etre-derriere-les-anti-balaka-bozize-dement ;
http://www.lemonde.fr/afrique/article/2014/03/05/centrafrique-francois-bozize-dans-le-collimateur-de-la-france_4377737_3212.html ;
http://centrafrique-presse.over-blog.com/2014/10/lu-pour-vous-centrafrique-quelle-ombre-se-cache-derriere-ngaissona.html ;
http://www.rfi.fr/afrique/20140510-onu-sanctionne-francois-bozize-accuse-destabiliser-rca/

107 http://centrafrique-presse.over-blog.com/2014/07/centrafrique-manipulations-politiques-et-desequilibres-socio-economiques-nourrissent-le-conflit.html

au pouvoir de ce dernier. Il est vrai que les rebelles Séléka et éléments Antibalaka sont respectivement musulmans et chrétiens, mais leurs motivations ne sont absolument pas *confessionnelles*. Leurs motivations sont strictement *politiques* puisque d'un côté les premiers n'ont jamais fait mystère de leur volonté de prendre le pouvoir, ce qu'ils ont réussi le 24 mars 2013 avec Michel Djotodia, et de l'autre côté les seconds se sont organisés pour tenter de ramener l'ancien Président François Bozizé au pouvoir.

II. L'ACCAPAREMENT MANQUE OU AVORTE DU POUVOIR

Depuis les indépendances, le Centrafrique compte plusieurs tentatives de coups d'État.

A. Les coups d'État manqués ou avortés dans la République centrafricaine non démocratique

1. Les trois tentatives successives de coup d'État contre Jean Bedel Bokassa

Ainsi que le relate Josué Binoua dans son ouvrage consacré à *l'instabilité permanente*[108], l'empereur Jean-

[108] BINOUA Joseph, Centrafrique : l'instabilité permanente, Paris, L'Harmattan, 2005, pp. 22-23.

Bedel Bokassa essuiera trois coups d'État manqué. La première tentative intervenue en avril 1968 est l'œuvre du colonel Alexandre Banza. Celui-ci et bien d'autres personnes furent tués. La deuxième tentative survenue au cours de l'année 1973. Son commanditaire, le colonel Auguste Mbongo, commandant d'armes de la garnison de Bouar est assassiné ; la répression de ce coup manqué emportera également Pierre Alain Mandé, commandant de l'Ecole supérieure de formation des officiers d'active (ESFOA) de Bouar, et Basile Kolégnako, commandant le 1er Bataillon d'Infanterie de Bouar ainsi que bien d'autres officiers de la garnison de Bouar. Le dernier coup d'État manqué contre Jean Bedel Bokassa a lieu le 3 février 1976. L'auteur du putsch, le commandant Fidèle Obrou, commandant la base militaire de l'armée de l'air de Bangui, son frère jumeau Martin Meya ainsi que d'autres officiers des Forces Armées Centrafricaines (FACA) sont éliminés.

2. *Le coup d'État « radiophonique » manqué ou « fantoche » du 3 mars 1982*

Le 3 mars 1982, le régime du Président André Kolingba affirme avoir déjoué une tentative de coup d'État commanditée par les généraux François Bozizé et Alphonse Mbaïkoua. S'agissant de cet évènement politique, deux thèses s'opposent quant à sa paternité.

En effet, l'auteur Pierre Saulnier[109] attribue ce putsch manqué directement à Ange Félix Patassé qui bénéficiait, depuis sa forte contestation de l'élection de David Dacko en 1980, du soutien des généraux François Bozizé et Mbaïkoua, tous deux originaires aussi du nord. Pour les auteurs Auguste Ténè-Koyzoa[110], Serre Jacques[111], Claude Yabanda et Narcisse Arido[112], le coup d'État manqué est l'œuvre des deux militaires précités qui agissaient pour le compte de l'homme politique qu'était Patassé.

Tout au contraire, Roger Delpey[113], défend la thèse d'un « *coup d'État fantoche* », une « *intoxication grise* »[114],

---

[109] SAULNIER Pierre, op. cit., p. 113.

[110] TENE-KOYZOA Auguste, op. cit., p. 197 écrit : « *Cette tentative de coup d'Etat manqué a été attribuée aux généraux Mbaïkoua et Bozizé, membres tous deux du Comité Militaire de Redressement National, qui auraient agi pour le compte du très populaire Ange Félix Patassé* ».

[111] Serre Jacques, op. cit., p. 336 : l'auteur estime que c'est le général Alphonse Mbaïkoua qui « *semble avoir entraîné le général Bozizé dans le coup de force manqué du 3 mars 1982, pour amener Patassé au pouvoir* ».

[112] Claude Yabanda et Narcisse Arido adhèrent à la thèse selon laquelle il s'agit d'un « *coup d'État manqué contre le régime du président André Kolingba (1981-1993) orchestré par les généraux Mbaïkoua et Bozizé » : voir* YABANDA Claude et ARIDO Narcisse, *« Pour une résolution multilatérale du conflit en République Centrafricain : analyse et propositions de sortie pacifique de crise en RCA »,* in Europe Ecologie Les Verts (EELV), Les Notes de la Transnat', N° 8, 7 février 2013, p. 2.

[113] DELPEY Roger, Affaires Centrafricaines, Paris, J. Grancher, 1985, 248 p.

[114] Ibidem, p. 175 : Selon l'auteur, l'intoxication grise est, à l'instar de l'intoxication blanche et l'intoxication noire, **une forme de désinformation. L'intoxication grise** correspond à un cocktail de vérités, de demi-vérités et de contre-vérités. Dans la trame des faits vrais, véritables, crédibles, sont tissés des mensonges difficiles à

montée par le Président André Kolingba lui-même et son entourage. Six mois après le coup d'État du Général André Kolingba, le Président François Mitterrand envoie à Bangui, le 8 février 1982, Guy Penne, Conseiller de l'Elysée pour les affaires africaines. Celui-ci vient demander le retour de la démocratie en Centrafrique avec de nouvelles élections et un remaniement gouvernemental, à très court terme, pour faire de la place aux civils. Le 20 février 1982, informés par un proche de Kolingba, les généraux Alphonse Mbaïkoua et François Bozizé échappent in extremis à leur arrestation programmée à Sibut où ils devaient accompagner le Président Kolingba. Le 27 février, Ange Félix Patassé rentre de son exil Français, et grâce à la masse populaire velue le fêter, échappe sans le savoir, à une arrestation planifiée par le trio Kolingba-Dacko-Diallo[115].

Ulcéré par l'idée d'organiser des élections, lesquelles pourraient être favorables à Patassé, le Président Kolingba met au point, avec l'aide des membres du Comité Militaire de Redressement National (C.M.R.N.), et l'appui du Président Mobutu, un pseudo-coup d'état ; ce plan devait

---

détecter. Le tout donne une grande impression d'authenticité. **L'intoxication blanche** consiste à révéler à une opinion publique nationale ou à l'opinion publique internationale des faits réels, mais restés secrets pour diverses raisons ou simplement par raison d'Etat. **L'intoxication noire** est un produit totalement imaginé, inventé. Cela peut être une information fausse qui sera longue à analyser, ou une campagne malaisée à cerner, apte à provoquer une tension ou un choc.

[115] Il faut noter qu'à l'époque, Kolingba bénéficiait du soutien sans faille de l'ancien Président David Dacko et de François Diallo, Commandant de la Gendarmerie.

permettre de liquider physiquement Ange Félix Patassé et les généraux Alphonse Mbaïkoua et François Bozizé devenus gênants pour son pouvoir. Le 1er mars 1982, cinquante militaires zaïrois dépêchés par Mobutu traversent le fleuve et attendent dans une propriété de Kolingba à Mboko. Informé du plan machiavélique de Kolingba, grâce à un officier très proche de Kolingba, le général François Bozizé décide de le dénoncer en alertant l'opinion ; en sa qualité de Ministre de l'information, Bozizé s'invite à l'antenne de la radio nationale, le 3 mars 1982 à 23h30 et donne lecture d'un texte rédigé par ses soins[116].

En l'espèce, l'absence d'un faisceau d'éléments constitutifs d'un coup d'État classique est assez patente. On observe d'une part, dans cette annonce de François Bozizé, aucune intention clairement identifiée de la part du général Bozizé de ravir le pouvoir au Président Kolingba. Enfin, classiquement, un putschiste prend toujours la précaution d'assiéger les symboles du pouvoir (Palais présidentiel, radio nationale, télévision et aéroport), or ce n'est pas non plus le cas en l'espèce. Mais le puissant Ministre de l'Intérieur, Christophe Grélombé, déclare à Jeune Afrique et sans détour : « *Il s'agit d'un coup d'État manqué, qui s'explique par l'ambition dévorante de Ange Félix Patassé et l'incurie notoire de deux généraux : Alphonse Mbaïkoua*

---

[116] DELPEY Roger, Affaires Centrafricaines, op. cit., p. 219 : « *Notre chef actuel, le général André Kolingba, a trahi et vendu l'armée et la nation toute entière. En effet, une nouvelle force étrangère se trouve basée sur le sol centrafricain. Il s'agit d'éléments de l'armée Zaïroise installés à Bangui, au quartier Ouango. Un coup d'état fantoche est préparé en ce moment par le commandement de la gendarmerie nationale. Je vous demande de sauver la République Centrafricaine* ».

et François Bozizé »[117]. Prenant le contrepied de son Ministre, le Président Kolingba, dément à la presse qu'il y'ai eut coup d'état : « *C'est une affaire entre militaires, qui n'intéresse pas le peuple centrafricain* ».

Cette ténébreuse affaire ou manipulation, confirmée par le témoignage de Virginie Mbaïkoua[118], fille du général Mbaïkoua, va laisser des traces, puisque Patassé et ses deux soutiens militaires sont contraints à la clandestinité dans le pays, avant un exil forcé, pour échapper aux représailles de la part de Kolingba.

Le général Alphonse Mbaïkoua, échappe, au petit matin du 4 mars 1982 et avec la complicité des militaires, à son arrestation ; il s'enfuit mais son épouse et son fils Jérôme seront arrêtés, emprisonnés au camp Kassaï et libérés un an plus tard, mais le fils Jérôme sera à nouveau emprisonné sur ordre du Ministre de l'Intérieur Christophe Grélombé à Ngaragba. Mbaïkoua prend la tête d'une lutte armée dénommée les « *codos* », implantée dans le nord du pays.

C'est justement dans le maquis que Mbaïkoua trouve la mort dans des circonstances non encore élucidées. Depuis ces sanglants évènements, et comme le souligne Auguste Ténè-Koyzoa[119], le régime Kolingba aura des relations très difficiles avec les ressortissants du nord, et une haine réciproque persiste de nos jours entre les

---

[117] Ibidem, p. 221.

[118] http://www.sangonet.com/ActuDo/trib/Droit-de-Reponse_VMb-Passema.pdf.

[119] TENE-KOYZOA, op. cit., p. 197.

nordistes et l'ethnie Yakoma à laquelle appartenait Kolingba. Le 6 mars 1982, Patassé échappe à son arrestation, trouve refuge à l'Ambassade de France à Bangui avant de s'exiler au Togo. Le général François Bozizé trouvera, quant à lui, asile au Bénin.

3. *La rébellion des « Codos » du général Alphonse Mbaïkoua120*

---

120 SERRE Jacques, op. cit, pp. 335-336. La vie du général Alphonse Mbaïkoua retracée par Jacques Serre est partiellement reproduite ci-après : « *Alphonse Mbaïkoua (1928-1956 ?). Né à Baïmade (sic) (Paoua) vers 1928. Mort à une date non précisée, sans doute au sud du Tchad. Alphonse Mbaïkoua est d'ethnie Sara-Souma comme Patassé auquel il fut attaché. Après ses études primaires et son certificat d'études il s'engage dans l'armée française en 1948. Il fait campagne en Indochine ; il est nommé sergent en 1951, sergent-chef en 1956. Il participe aux opérations de maintien de l'ordre au Cameroun en 1955 puis de décembre 1956 à février 1957. Adjudant en 1959, il fait un séjour à Madagascar en 1961 et 1962. Nommé adjudant-chef en 1963, il est retraité de l'armée française en 1964 après vingt-six ans de service. Intégré dans l'armée centrafricaine le 27 mars 1964, sous-lieutenant le 1er décembre 1964. Il participe au coup d'Etat de Bokassa le 31 décembre 1965. Lieutenant en avril 1966, il est Officier-adjoint du 1er bataillon d'infanterie. Capitaine en avril 1968, il aide Mandaba à maîtriser Banza lors de sa tentative de coup d'Etat le 10 avril 1968. Il est nommé commandant le 1er octobre 1969. De 1970 à 1973 il est directeur du Centre agricole de Boukoko à Mbaïki (Institut de recherche spécialisé dans le café, abandonné à la suite de l'expulsion des cadres et des chercheurs français par Bokassa).Lieutenant-colonel le 12 juillet 1971, il est radié des cadres de l'armée le 12 juin 1973 sans doute sous ses divergences avec Bokassa. Après la chute de Bokassa, il est réintégré dans l'armée, en novembre 1979. Colonel le 4 janvier 1980, sous-chef d'Etat-major le 12 décembre 1980 ; malgré ses liens avec Patassé, il se montre fidèle au président Dacko et, en mars 1981, il contribue à contenir les manifestations des éléments patassistes en faisant intervenir les troupes du bataillon. Il est nommé général de*

Après le coup d'État fantoche du 3 mars 1982 conçu et attribué par le régime Kolingba aux généraux Alphonse Mbaïkoua, François Bozizé et Patassé, une rébellion dite des « *codos* » voit le jour dans la partie septentrionale du pays. On peut admettre que c'est cette fausse accusation de complot politique dont le trio Patassé-Bozizé-Mbaïkoua a fait l'objet, de la part du régime Kolingba, qui a forgé le caractère politique à cette lutte armée des « *codos* ». Ce caractère politique sera renforcé par deux évènements importants. En premier lieu, le général Alphonse Mbaïkoua qui assure la direction des « codos », « *devient membre du Bureau du Mouvement de Libération du Peuple Centrafricain*[121] *lors de son congrès clandestin en septembre 1983, rassemblement des opposants au régime Kolingba avec les partisans de Patassé et de Goumba sous la direction de Bozizé* »[122] ; ce mouvement reçoit un soutien au niveau du Tchad et de la Libye[123].

En second lieu, ayant du mal à contrôler les rebelles « *codos* », le régime Kolingba met au point une manipulation politique tendant à susciter l'émoi. En effet,

---

brigade le 25 juillet 1981. Après la remise du pouvoir de Dacko à Kolingba il est nommé Garde des Sceaux le 1er septembre 1981 dans le Comité Militaire de Redressement National dirigé par le général Kolingba. Il s'en sépare très vite... ».

121 Le Mouvement de Libération du peuple Centrafricain (MLPC) est le parti politique d'Ange Félix Patassé.

122 SERRE Jacques, op. cit., p. 336.

123 Ibidem, p. 336 : parlant de ce soutien, l'auteur ajoute « *A cette époque, Kadhafi, Chef de l'Etat libyen a été obligé, à la suite de l'intervention militaire de la France, d'évacuer le nord du Tchad qui est réoccupé par Hissein Habré, et il s'emploie à lui créer des difficultés dans le sud* ».

l'opinion apprend le 10 avril 1984, la création, depuis Paris, d'une « *République du Logone*[124] » et qui serait l'œuvre du comité permanent du M.L.P.C. La devise de cette république serait « *Unité-Paix-Patrie* ». Un gouvernement de 16 membres[125] serait constitué. Mbaïkoua serait Président de la République et Président du Gouvernement, tandis que Bozizé occuperait la Vice-présidence et le Ministère de la Défense Nationale et de la Sécurité. Le fait notable c'est l'absence d'Ange Félix Patassé.

Des démentis tombent les uns après les autres, de la part des personnes citées dans ce gouvernement fantoche.

---

[124] La seule mention de ce terme renvoie absolument à une volonté sécessionniste, le Logone étant un fleuve qui coule en territoire tchadien.

[125] En plus de Mbaïkoua et Bozizé, ce gouvernement fantoche est composé comme suit : « *Ministre de la Justice, Garde des Sceaux : Colonel Timothée Marboua ; Ministre des Affaires Extérieures et de la Coopération Internationale : Chef de Bataillon Samuel Gaïkouma ; Ministre du Plan et de la Statistique Nationale : Capitaine Lassoka ; Ministre de l'Intérieur et de la Réforme Administrative : Général Sylvestre Bangui ; Ministre de l'Information de la Documentation Nationale : Patrice Zémoniako-Liblakenze ; Ministre de la Fonction Publique et de la Sécurité Sociale : Joseph Potolot ; Ministre de l'Agriculture et des Réformes Paysannes, Eaux, Forêts, Chasse et Pêche : Professeur Idi Lala ; Ministre des Communications, des Postes et Télécommunications : Cyrille Kounkou ; Ministre de la Fonction Publique et des Sciences Humaines : Jérôme Allam ; Ministre de la Coordination avec le Parlement : Commandant Jean-Baptiste Séréname ; Ministre de la Population et de la Santé Publique : Docteur Gérard Kimoto ; Ministre de l'Energie, des Recherches hydrauliques, Mines, Commerce et Industrie : Professeur Goubana ; Ministre de l'Education Nationale et de la Recherche Scientifique : Colonel Alphonse Gombadi ; Ministre chargé du Secrétariat du Comité Permanent du M.L.P.C. : José Perrière* », voir DELPEY Roger, Affaires Centrafricaines, op. cit. p. 239 et s.

Tout d'abord, le général Bozizé adresse une lettre recommandée au Monde pour lui enjoindre de publier une mise au point mais satisfaction ne lui sera pas donnée[126]. Mbaïkoua réagit par un texte ironique parvenu à Bangui le 6 janvier 1985[127]. Enfin le colonel Timothée Marboua proteste par un communiqué[128].

Depuis l'accusation du coup d'État fantoche du 3 mars 1982, le régime Kolingba cherche à se débarrasser des adversaires de plus en plus gênants et conquérants. Les buts recherchés à travers la machination du 10 avril 1984 sont politiques. Les objectifs inavoués de cette machination du régime Kolingba sont triples : primo, déstabiliser psychologiquement les rebelles « codos » qui occupent une bonne partie du nord centrafricain ; secundo, discréditer les rebelles aux yeux du peuple, en les accusant de sécessionnisme, d'atteinte au principe de l'indivisibilité de la République centrafricaine, par la création de la « *République du Logone* » ; tertio et enfin, justifier au préalable la répression militaire de ce mouvement armé qui prend une proportion de plus en plus grande.

---

[126] Ibidem, p. 242.

[127] Ibidem, p. 241 et s.: « *Si un jour, je dois former un gouvernement cela se fera à Bangui même. Dans ce cas, je n'aurai pas à informer le ministre de l'Intérieur et le chef d'état-major, mais le peuple centrafricain tout entier. Quant aux actuels gouvernants, tout me porte à croire qu'ils ne seront plus en Centrafrique afin de ne pas avoir de comptes à rendre* ».

[128] Ibidem, p. 242 : « *Je tiens à préciser que je ne suis ni membre du M.L.P.C. ni même sympathisant du Conseil Exécutif Provisoire d'où serait venue l'initiative de la mise en place d'un gouvernement, et de ma nomination comme ministre de la Justice, Garde des Sceaux. Je ne me sens nullement concerner par cette décision* ».

L'accroissement du caractère politique de la rébellion des « *codos* », dû en partie à l'opération de désinformation du 10 avril 1984, ne tardera pas avoir des conséquences sur le terrain. D'une part, et en dépit de la campagne de diabolisation subie, la rébellion des « *codos* » se structure davantage par une répartition des rôles. Le général François Bozizé mène le combat sur le plan diplomatique ; il « *entretient des relations avec l'extérieur et cherche des appuis et de l'argent* »[129]. Le général Alphonse Mbaïkoua, quant à lui, occupe le front militaire ; il « *s'occupe de regrouper des partisans sur le terrain et multiplie les accrochages avec les forces gouvernementales* »[130]. Mais ces accrochages seront développés un peu plus loin quand il s'agira d'examiner les conséquences des coups d'État manqué ou réussi.

On le voit, la lutte armée des « codos » visait clairement le renversement du Président André Kolingba. Et n'eût été l'intervention décisive du pouvoir de Ndjamena aux côtés du régime centrafricain, le pouvoir exécutif centrafricain de l'époque aurait peut-être changé de main, de façon violente.

Bien que s'étant alignée sur le discours de La Baule du Président Français François Mitterrand, la République centrafricaine enregistre plusieurs coups d'État. Les trois

---

[129] SERRE Jacques, op. cit, p. 336

[130] Ibidem, p. 336 ; voir également Delpey Roger, Affaires centrafricaines, op .cit. p. 223 : Bozizé et Mbaïkoua sont crédités des « *accrochages, embuscades et explosions* »[130] par le régime Kolingba.

premiers ayant eu le même mode opératoire avec les mêmes acteurs, il parait justifié de les regrouper.

B. Les coups d'État manqués ou avortés dans la République centrafricaine démocratique

1. Les mutineries à répétition des années 1996 à 1999 contre le Président Ange Félix Patassé

Le 18 avril 1996, environ 200 militaires du Régiment de Défense Opérationnelle du Territoire (RDOT) déclenchent une mutinerie. A bord de véhicules de transport en commun ou de véhicules privés, les insurgés réussirent en quelques heures à occuper le centre-ville de la capitale Bangui. Les mutins ne déposent les armes qu'après avoir obtenu la promesse du pouvoir qu'ils ne seront pas poursuivis en justice.

Le 18 mai, une nouvelle mutinerie est lancée, officiellement pour réclamer le vote d'une loi d'amnistie en faveur des mutins, contraignant Patassé à promettre la formation d'un Gouvernement d'union nationale. Le 26 mai, un accord est paraphé entre le pouvoir et les mutins, le 30 mai, Patassé promulgue une loi amnistiant les mutins. Le 6 juin 1996, Jean-Paul Ngoupandé est nommé Premier Ministre, Chef du Gouvernement d'union nationale. Le 15 novembre 1996, les mutins refont surface. A l'issue du sommet Franco-africain de Ouagadougou, une mission composée des Chefs d'État du Gabon, du Burkina Faso, du Tchad et du Mali, obtient une trêve de 15 jours, laquelle sera prolongée à 23 jours. Dans la nuit du 4 au 5 janvier, les mutins et les troupes françaises s'affrontent à l'arme lourde en pleine capitale. Le 25 janvier, sont signés les accords de Bangui prévoyant une force armée chargée du retour à la paix et du désarmement des milices, la Mission Interafricaine de Surveillance des accords de Bangui (MISAB), appuyée par une unité française de commandement et de logistique. La médiation politique est assurée par le Malien Amadou Toumani Touré. Le 30 janvier, Michel Gbézéra-Bria est nommé Premier Ministre. Le 15 mars 1997, l'Assemblée Nationale adopte une loi d'amnistie relative aux faits liés à la troisième mutinerie. Mais une semaine plus tard, les 22 et 23 mars, les mutins réapparaissent et affrontent la MISAB ; un cessez-le feu intervient le 2 juillet entre les mutins et la MISAB. Le 5 décembre 1997, est signé à Bangui un accord fixant le cadre technique du retrait des forces françaises devant être achevé le 15 avril 1998. Après les législatives de 1998, Anicet Georges Dologuélé est nommé Premier Ministre le 1er février 1999. Cette chronologie des évènements brièvement esquissée, venons-en aux motivations des insurgés.

C'est le contexte social très tendu, caractérisé par des grèves et des manifestations des fonctionnaires, qui a servi de terreau à la mutinerie, ainsi que l'observe l'ancien

Premier Ministre Jean Paul Ngoupandé[131]. Lors de la première mutinerie qui a duré quatre jours, les insurgés réclamaient le versement de leurs arriérés de soldes ; le régime Patassé en était déjà à trois mois de retard dans le versement des salaires[132]. La deuxième mutinerie avait pour but d'obtenir le vote d'une loi d'amnistie, la convocation d'états généraux de la défense nationale, le remplacement immédiat du sous-chef d'Etat-major, du directeur général de la Garde présidentielle ainsi que la démission du Président Ange Félix Patassé ; elle durera 11 jours. Par la troisième mutinerie déclenchée le 15 novembre et qui dura jusqu'au 25 janvier 1997 avec la signature des « *Accords de Bangui* », les militaires tentaient d'obtenir le retrait de la décision de leur transfert à Bouar et la mesure ordonnant la réincarcération des militaires qui s'étaient évadés de la prison le 18 mai 1996.

En réalité, ces revendications tantôt corporatistes tantôt sociales occultaient un objectif inavoué, le renversement du Président Ange Félix Patassé. Les grosses rivalités politiques voire la haine viscérale entre Ange Félix Patassé et le général et ancien Président André Kolingba expliquaient ces mouvements d'insurrection ; les rivalités ethniques et régionales entre « *Yakoma* » de Kolingba et ethnies du nord (« *Mboum* » ou « K*aba* » dont est issu Patassé sont un secret de polichinelle.

---

[131] NGOUPANDE Jean-Paul, Chronique de la crise Centrafricaine 1996-1997 : le syndrome barracuda, Paris, L'harmattan, 1997, p. 24
[132] Ibidem, p. 24

Les rivalités politiques entre les deux anciens Présidents, nées peu avant le coup d'état fantoche du 3 mars 1982, s'aggravent à l'occasion de la victoire électorale de Patassé en 1993 et prendront un tour de vis supplémentaire avec le coup d'état du 28 mai 2001 revendiqué par Kolingba. Quant aux tensions ethniques entre yakoma et mboum, elles remontent aussi à l'après coup d'état fantoche du 3 mars 1982 qui a non seulement donné naissance à la rébellion des « *Codos* » de Mbaïkoua, mais aussi occasionné dès le 4 mars une chasse aux sorcières et une politique de la terre brûlée à grande échelle pratiquées par le régime Kolingba contre les populations du nord réputées proches de Patassé, Mbaïkoua et Bozizé.

Dans bien de pays africains, rivalité politique et rivalité ethnique semblent indissociables. Plus concrètement, au-delà de l'affrontement politique entre deux leaders, on est aussi en présence de la confrontation entre les ethnies et les régions d'où sont issus ces deux leaders, et c'est une vérité sociologique.

. Pendant son régime de 1981 à 1993, Kolingba avait géré le pouvoir pour lui et les siens, son ethnie « *Yakoma* » et sa région. Affirmation loin d'être gratuite dans la mesure où « *En 12 ans de pouvoir, la tribu et la région de Kolingba auront fourni à l'Armée régulière (FACA), la plupart de ses meilleurs officiers supérieurs et le gros des hommes de troupes appuyés lourdement par un Corps militaire surarmé et surentraîné (EBA), affecté spécialement à la protection rapprochée du Chef de l'État, le frère »*[133]. Une armée à dominante yakoma qui ne peut qu'être loyale au « *frère* » yakoma en place, le Président Kolingba, quitte même à tenter de le remettre en selle après qu'il ait perdu le pouvoir, par la volonté du peuple en 1993. Patassé hérite ainsi en 1993 d'une armée nationale non républicaine, quand l'armée tribale de Kolingba refait surface à travers les mutineries dont il s'agit ici.

Le grand non-dit de ces insurrections de 1996, c'est qu'elles n'étaient pas le fait d'une armée au sens républicain du terme, mais plutôt et essentiellement le fait de soldats et gradés de l'ethnie yakoma. D'ailleurs, le Président Patassé qui n'en était pas dupe l'affirmait très clairement et voyait derrière ces « *pantins* » de mutins, la main de son vieux et grand rival Kolingba, tenaillé par une soif inextinguible de revanche pour s'être vu déposséder en 1993, de son pouvoir, de sa « *proie* » à lui et à son clan.

L'autre élément constitutif du caractère politique de ces soulèvements est le fait pour les mutins, et dès la première mutinerie du 18 avril 1996, *d'occuper la radio nationale*, de *prendre plusieurs personnalités en otage* et enfin de *tenter d'attaquer la présidence*[134] ; la deuxième mutinerie déclenchée le 18 mai 1996 lèvera définitivement

[133] POUZERE Henri, « *La vérité sur l'histoire de l'insécurité en Centrafrique, une piste de réflexion politique pour une propagande électorale éclairée contre ce mal absolu* », 2005, http://www.sangonet.com/ActuDo/ICAR/Dsp/verite_insecur_RCA-HP.html.

[134] INTERNATIONAL CRISIS GROUP, La République Centrafricaine : anatomie d'un Etat fantôme, Rapport N° 136, 13 décembre 2007, p. 10.

le voile sur les intentions cachées des mutins ; en effet, parallèlement à l'exigence d'une loi d'amnistie en faveur des auteurs de la première insurrection, le deuxième soulèvement pose la question de la démission du Président de la République, demande formulée par le Sergent Cyriaque Souke, porte-parole des mutins[135]. La nature politique des revendications du troisième soulèvement armé sera plus marquée ; les mutins dénoncent tout d'abord « *la haute trahison du Chef de l'État, Chef Suprême des Armées qui, en introduisant dans le pays des forces non conventionnelles armées, a bafoué l'honneur des Forces Armées Centrafricaines ; la politisation des structures de commandement au sein de la Défense Nationale qui devrait être apolitique* » avant de réclamer « *la mise en place d'une transition politique qui passe par la démission du Président Patassé* »[136].

On observe que, du premier au troisième soulèvement, les mutins ont avancé masqués. Leur réelle intention, la prise du pouvoir, n'a été dévoilée que de façon graduelle. Leur stratégie savamment conçue, a été de surfer opportunément sur la vague de la tension sociale de début 1996, pour brandir des revendications corporatistes, porter un sérieux coup et fragiliser le pouvoir en place, tenter de le renverser et à défaut obtenir l'établissement d'une

---

[135] Ibidem, p.10. Voir également Agence France Presse (AFP), Retour à Bangui d'un des dirigeants des mutineries de 1996, 1er mai 2003, http://www.sangonet.com/ActualiteC16/Souke_retour-RCA-mai03.html.

[136] SAULET SURUNGBA Clotaire, Devoir de mémoire : seconde partie, http://www.sangonet.com/HistoireRCA/devoirdememoire-clots2.html.

transition politique, trois ans seulement après les premières élections pluralistes du pays.

Pour conclure sur le but politique de ces soulèvements militaires de 1996, on peut retenir que si les mutineries n'ont pas abouti à la prise du pouvoir, c'est tout simplement parce qu'elles se sont heurtées à la résistance farouche des soutiens militaires de Patassé. Quand bien même ce dernier n'avait pas encore eu le temps nécessaire d'inverser en sa faveur la tendance tribale ambiante au sein de l'armée nationale, il disposait toutefois, en 1996, d'une « *garde présidentielle, pléthorique... constituée presque exclusivement de Kabas originaires de son fief septentrional* »[137]. L'intervention de cette garde présidentielle a donc, assurément, fait échec à la réalisation de l'intention cachée des mutins[138] ; il en va de même de l'apport décisif de l'aide renouvelée de l'armée Française[139], pour maintenir le premier régime centrafricain véritablement établi de façon démocratique.

Enfin, l'opinion publique nationale et les observateurs avisés de la vie politique centrafricaine savaient parfaitement que ces mutins poursuivaient, en outre, un deuxième objectif inavoué : obtenir la suspension de la Commission d'enquête parlementaire et d'audit mise en place par Ange Félix Patassé pour faire la lumière sur le

---

[137] FAES Géraldine et SMITH Stephen, République Centrafricaine : la solitude et le chaos, in politique internationale, N° 88, 2000, p. 292.
[138] INTERNATIONAL CRISIS GROUP, op. cit., p. 10.
[139] FAES Géraldine et SMITH Stephen, op.cit.
SAULET SURUNGBA Clotaire, Devoir de mémoire : seconde partie, http://www.sangonet.com/HistoireRCA/devoirdememoire-clots2.html.

bilan du précédent régime, celui d'André Kolingba. Dans le cadre de cette commission, et avant le déclenchement de la première mutinerie, beaucoup de personnes, civiles et militaires, avaient été arrêtées et placés en détention à la prison centrale de Ngaragba, en 1994. C'était le cas du général Guillaume Lucien Ndjengbot, du capitaine Anicet Saulet, de l'ancien ministre de l'Intérieur du régime défunt, Christophe Grelombé, de Mathias Repago-Goneyo, d'Augustin Ngbanda, Mamadou Gari et Chaïr Walidou.

D'autres personnes étaient détenues dans les différents commissariats de police et à la gendarmerie, gonflant ainsi sensiblement la population carcérale. Très vite, et longtemps après, des voix telles que Clotaire Saulet Surungba[140] vont s'élever pour crier aux règlements de comptes politiques et à la chasse aux sorcières dont les victimes seraient les militants du Rassemblement Démocratique Centrafricain (RDC)[141] et les membres de l'ethnie Yakoma, celle du Président déchu Kolingba.

Mais ce procès d'intention était faux et insoutenable. Car, il était un secret de polichinelle que l'ancien Président Kolingba avait, douze ans durant, régné principalement, avec et dans l'intérêt des membres de son parti et son ethnie. Ceux-ci et leur « *frère* » d'ethnie avaient rivalisé d'enrichissement illicite, par des détournements de deniers publics et autres crimes économiques. Quand fut venu le moment pour la justice républicaine, notamment la Commission d'audit et d'enquête judiciaire, de rechercher,

---

[140] Ibidem.
[141] Parti politique du Président André Kolingba.

rattraper et punir les auteurs des faits incriminés, au nom du peuple spolié, les spoliateurs agitent le spectre d'une persécution ethnique et se posent en victimes.

Il faut relever qu'il n'a jamais été question pour cette commission de procéder à l'arrestation de tous les membres de l'ethnie Yakoma, mais simplement de punir des faits tombant sous le coup de la loi de la République. Ce qu'on peut comprendre dans l'attitude des insurgés c'est que des membres d'une ethnie sont capables de s'organiser, de prendre des armes pour s'opposer fermement à la justice. À cet égard, est assez éloquent le fait pour les mutins d'avoir ouvert, et cela dès les premières heures de leur deuxième mouvement c'est-à-dire le 18 mai 1996, les portes de la prison centrale Ngaragba de Bangui pour libérer tous les prisonniers au nombre desquels, figuraient les auteurs présumés des détournements de deniers publics et autres actes d'enrichissement illicite.

Comme le souligne Clotaire Saulet Surungba, l'insurrection des militaires avait mis un coup d'arrêt à la vague d'arrestations[142], s'agissant du travail de la commission d'audit et d'enquête judiciaire, ce qui constitue, à n'en point douter, la satisfaction d'un intérêt catégoriel, celui des insurgés ; cependant, c'est l'idéal républicain de justice qui a été défié et neutralisé, c'est un pouvoir qui a été réduit à l'impuissance. On est ainsi en

---

[142] SAULET SURUNGBA Clotaire, Devoir de mémoire : seconde partie, op. cit., http://www.sangonet.com/HistoireRCA/devoirdememoire-clots2.html.

présence de la perversion institutionnelle, non du fait des dirigeants, mais plutôt de celui des citoyens.

2. *Le coup d'État manqué du général André Kolingba le 28 mai 2001*

Deux mois seulement après la nomination de Martin Ziguélé comme Premier Ministre[143], l'ordre constitutionnel est une fois de plus violemment heurté, dans la nuit du 27 au 28 mai 2001[144], à l'occasion de la très populaire fête des mères en Centrafrique. En effet, les frères querelleurs Kolingba et Patassé s'affrontent, à nouveau, par la violence pour le pouvoir. On observe que « *contrairement aux mutineries de 1996-1997, en partie liées à l'insatisfaction de militaires non rémunérés, la dernière tentative de coup d'État est apparue comme une opération purement politique visant directement à la prise du pouvoir par la neutralisation ou l'élimination du Président* »[145].

Le dimanche 27 mai 2001, dans l'enceinte du Palais de la Renaissance, sur invitation et avec la présence du Président Patassé, la fête des mères est célébrée avec faste. Les réjouissances terminées, la résidence du Président

---

[143] Martin Ziguélé est nommé Premier Ministre le 1er avril 2001, en remplacement d'Anicet Georges Dologuélé.

[144] PORGES Laurence, « *Le coup d'état de mai 2001 au Centrafrique : un évènement presque ignoré* », in Afrique Contemporaine, N° 200, 2001, pp. 34-49.

[145] LEABA Oscar, « *La crise Centrafricaine de l'été 2001* », *in Politique Africaine* », N° 84, décembre 2001, p. 164.

Patassé est la cible d'attaque à l'arme lourde, à partir de 2h00 du matin par des putschistes. Beaucoup d'éléments de la Garde Présidentielle, plongés dans un état d'ébriété avancé, sont capturés, torturés et égorgés par les assaillants. Ceux-ci, majoritairement des membres de l'ethnie yakoma, celle de l'ancien Président Kolingba, auraient été soutenus par des mercenaires ougandais, rwandais et congolais, d'après le camp du pouvoir. Les combats qui ont duré environ quatre heures, ont sérieusement endommagé le Palais présidentiel et causé la mort de dix-huit membres de la garde présidentielle dont le général François Bedaya Ndjadder, Chef de la Gendarmerie. Touché dans le dos au moment où il quittait son domicile pour aller sur le terrain, le général Ndjadder décédera le 28 mai en dépit des soins procurés. Deux autres officiers, le Colonel Abel Abrou, Chef d'Etat-major de l'armée de terre ainsi que le Colonel Antoine Yambia de l'Unité de Sécurité Présidentielle sont assassinés.

La violence de l'attaque[146] de la résidence a fait penser que le Président Patassé était assassiné. D'ailleurs, les putschistes y avaient eux-mêmes cru et s'étaient chargés de propager triomphalement dans les quartiers qui leur étaient acquis, ce qui va après se révéler erroné. Suite à l'attaque intervenue la nuit du 27 mai, le mutisme observé toute la journée du lundi 28 par le Président Patassé et son entourage est venu conforter la rumeur de son assassinat.

---

[146] Bon nombre d'édifices publics avaient été sérieusement endommagés à l'occasion de cette tentative de putsch. La radio nationale ne reprendra ses émissions que seize jours après, c'est-à-dire le 13 juin 2001.

C'est donc avec une certaine assurance d'avoir éliminé physiquement Patassé, que les putschistes se replient, au petit matin du 28 mai, principalement au camp militaire de Kassaï situé non loin de la résidence de Kolingba. Ce dernier, sans doute emporté par l'ampleur de la rumeur colportée à travers la ville au sujet de la mort de son ennemi juré, va non seulement se dévoiler le 29 mai 2001 sur Radio France Internationale (RFI) en revendiquant le putsch[147], mais va aussi s'adresser par écrit à l'Ambassadeur Français, Jean Marc Simon. Dans cette note, l'ancien Président demande, sans succès[148], au diplomate d'intervenir auprès de Patassé pour qu'il se rende, en contrepartie de quoi il garantit sa propre sécurité et la protection de ses biens.

La riposte du camp présidentiel se met en place. La Garde présidentielle, les soldats loyalistes appuyés par les éléments de la milice « *karako* » de Patassé mènent une grande offensive en direction des quartiers sud de Bangui et du camp militaire de Kassaï. Ils sont rejoints et fortement soutenus par les rebelles du Mouvement de Libération du Congo-Démocratique (MLC) de Jean-Pierre Bemba, le 29 mai, et enfin par une centaine de soldats Libyens dépêchés

---

[147] PORGES Laurence, op. cit. p. 34 : le général André Kolingba affirme avoir été « *approché par les mutins pour prendre la direction de l'opération pour ramener l'unité nationale, la paix et assurer la transition* » ; l'ancien Président appelle ensuite « *les forces loyalistes à déposer les armes* » et demande « *l'appui de la France pour sécuriser le pays* ». Il ajoute par ailleurs qu'il s'agit non d'un « *coup d'état mais une intervention salutaire* ».

[148] Jean Marc Simon demandera plutôt à Kolingba de faire cesser les violences.

par le colonel Mouammar Kadhafi, le 30 mai 2001. C'est seulement le 30 mai, après que Kolingba eût revendiqué le putsch la veille, que le Président Patassé sortira de son silence, à la télévision nationale et sur Radio France Internationale (RFI), la radio nationale ayant été endommagée pendant l'attaque. Il accuse le général Kolingba d'être l'auteur de la tentative de putsch. Le jeudi 31 mai, sur RFI, le général Kolingba appelle les soldats retranchés au camp militaire de Kassaï à déposer les armes[149].

Le 1er juin 2001, le camp militaire de Kassaï occupé par les comploteurs tombe aux mains des loyalistes ; le même jour, est publié un décret présidentiel signé la veille. Par ce texte, Patassé casse et rétrograde le général Kolingba et cinq officiers supérieurs au rang de soldats de deuxième classe[150]. Le 2 juin, Kolingba s'enfuit de Bangui, par le fleuve Oubangui vers le Congo Démocratique[151]. Le matin du 3 juin 2001, la résidence de Kolingba située au quartier

---

[149] PORGES Laurence, op. cit., p. 34 : « *J'ai accepté de faire cesser les hostilités ce soir... je demande aux mutins de regagner leurs résidences respectives* » déclare Kolingba.

[150] La mesure est motivée par l'implication présumée ou avérée, et à des degrés divers, des personnes visées, dans la « *tentative de coup d'Etat dans la nuit du 27 au 28 mai 2001 à Bangui, assassinat et complicité d'assassinat, coups et blessures volontaires et complicité de coups et blessures volontaires* » et la « *destruction volontaire des édifices publics et privés, vols à main armée, association de malfaiteurs, évasion et complicité d'évasion* » : voir Porgès Laurence, op. cit., p.35 et s.

[151] On apprendra plus tard que Kolingba a trouvé refuge à Kampala (Ouganda) auprès du Président Yoweri Museveni, avant finalement de gagner la France. Il ne reviendra au pays qu'après le renversement du Président Patassé par le général Bozizé intervenu 15 mars 2003.

Ouango est investie par les FACA ; on y découvre une énorme quantité de caisses d'armes de guerre dont certaines sont estampillées « *Ambassade de France* ». La présidence centrafricaine conclura alors à un probable appui de la France aux Putschistes, allégation démentie par le Quai d'Orsay[152]. Le 4 juin, selon un communiqué publié par Prosper Ndouba, Porte-parole de la Présidence centrafricaine, la tête du général Kolingba est mise à prix et une récompense de 25 millions de francs CFA (38000 dollars) est promise à quiconque pourrait ramener le général putschiste mort ou vivant[153]. Un couvre-feu est instauré.

3. *Coup d'État manqué du 25 octobre 2002 du Général François Bozizé*

S'agissant des conditions de réalisation de ce coup de force, il faut remonter dans le temps précisément au coup d'État manqué du 28 mai 2001. Rappelons que pour faire la lumière sur ce putsch manqué, une Commission Mixte d'Enquête Judiciaire avait été mise sur pied le 09 juin 2001 par le Président Patassé et confiée à Joseph Bindoumi, Procureur Général près la Cour d'Appel de Centrafrique. François Bozizé, alors Chef d'Etat-Major, est soupçonné de

---

[152] Le 11 juin, le Porte-parole du Ministère des Affaires Etrangères « *Les allégations mettant en cause la responsabilité de la France dans le événements qui se sont déroulés dans la capitale de la République centrafricaine sont dénuées de tout fondement* » : http://www.rfi.fr/actufr/articles/018/article_8994.asp.

[153] PORGES Laurence, op. cit., p. 36.

complicité ou du moins d'avoir laissé exécuter le plan du putsch, sera convoqué pour expliquer. Lorsqu'une deuxième convocation lui est notifiée, Bozizé refuse de répondre et s'entoure chez lui au PK10 avec quelques soldats qui le défendent contre les forces armées loyalistes appuyées par le contingent libyen dépêché à Bangui après le coup manqué.

Relevé de ses fonctions de Chef d'Etat-major et rétrogradé soldat de deuxième classe, le 26 octobre 2001, François Bozizé s'enfuit au Tchad où il trouve refuge. Après plusieurs incursions de ses éléments en territoire centrafricain, Bozizé tente infructueusement, le 25 octobre 2002, de renverser Patassé. Les rebelles de Bozizé attaquent Il est important de faire remarquer que l'échec de ce coup d'État a été, en partie, rendu possible grâce au concours des forces de la CEN-SAD[154] et des miliciens du rebelle Congolais Jean-Pierre Mbemba[155].

---

[154] La CEN-SAD veut dire Communauté des Etats Sahélo-sahariens. La CEN-SAD est une organisation internationale créée le 4 février 1998 à Tripoli (Libye), et qui a pour membres originaires : la Libye, le Mali, le Niger, le Soudan et le Tchad. En plus de ces cinq (5) pays, l'organisation compte 23 Etats adhérents dont la République Centrafricaine ; ce qui donne aujourd'hui un total de 28 Etats membres. La CEN-SAD s'est fixée comme objectifs : l'établissement d'une union économique globale basée sur une stratégie à travers un plan de développement complémentaire avec les plans nationaux de développement des pays concernés, englobant l'investissement dans les domaines agricole, industriel, énergétique, social et culturel ; la suppression de toutes les restrictions qui entravent le rassemblement de ces pays par la prise de mesures nécessaires pour assurer : la libre circulation des personnes, des capitaux et des intérêts des ressortissants des États membres ; la liberté de séjour, de propriété et d'exercice de l'activité économique ; la liberté d'échange et de circulation des biens, des produits et services originaires des pays signataires ; la promotion du commerce extérieur par une politique d'investissement dans les États membres ; l'accroissement entre les États membres des moyens de transport et de communication terrestre, aérien et maritime par l'exécution de projets communs ; la reconnaissance aux ressortissants des pays membres des mêmes droits, avantages et devoirs reconnus à leurs propres citoyens conformément aux dispositions de leurs constitutions respectives ; l'harmonisation des systèmes éducatifs, pédagogiques, scientifiques et culturels dans les différents cycles de formation. Comme toute organisation internationale, la CEN-SAD dispose de ses propres organes : la Conférence des leaders et chefs d'État qui se réunit une fois par an en présidence rotative et alternativement dans les différentes capitales des États ; le Conseil exécutif, chargé de la préparation des programmes et plans complémentaires et de l'exécution des décisions de la Conférence des leaders et chefs d'État ; le Secrétariat général chargé de la gestion quotidienne et suivi du fonctionnement des différentes institutions de la Communauté ; la Banque sahélo-saharienne pour l'investissement et le commerce (BSIC)), créée en 1999 et chargée notamment du financement de projet de développement économique ; le Conseil économique, social et culturel, organe consultatif pour la conception et

Le ton monte entre le Tchad et le Centrafrique. Le Tchad est accusé par Patassé de servir de base arrière à François Bozizé. Le Tchad, quant à lui, reproche à Patassé d'accueillir des opposants politiques et certains chefs rebelles hostiles au régime de Ndjamena. Après le sommet de Khartoum du 3 décembre 2002, à l'initiative du Colonel Kadhafi, le Procureur Joseph Bindoumi annonce, le 25 décembre 2002, la fin des poursuites judiciaires contre Bozizé et ses éléments. Mais Bozizé ne s'en contente pas et exige sur Radio France Internationale (RFI) d'une part « *que le Président de la République prenne une décision d'amnistie, au lieu de laisser la justice jouer un jeu flou et confus* » et d'autre part « *que les troupes étrangères*[156] *quittent le sol centrafricain, qu'on n'entende plus parler de la venue d'une force de maintien de la paix en République centrafricaine* »[157].

Après un accord, Abdoulaye Miskine redouté par Ndjamena est exilé au Togo, tandis que François Bozizé quitte Ndjamena pour Paris au lieu d'Alger comme le souhaitait Patassé[158]. En France, Bozizé prend des contacts et rencontre les membres de la diaspora et des opposants

---

l'élaboration des politiques, des plans et programmes à caractère économique, social et culturel des pays membres.

155 BINOUA Joseph, op. cit. , p. 27.

156 Référence faite au contingent libyen fort d'environ 200 hommes et des troupes du Mouvement de Libération du Congo (MLC) de Jean-Pierre Bemba.

157 http://www.afrique-express.com/archive/CENTRALE/rca/rcapol/242bozize.htm

158 LALOUPO Francis, « *La lente chute de Patassé* », in Le Nouvel Afrique Asie, N°163 – Avril 2003, p.8

centrafricains et réussira finalement à renverser le Président Patassé le 15 mars 2003.

4. *Le territoire centrafricain, vaste terrain de jeu des mouvements rebelles de 2006 à 2008*

Après l'accaparement du pouvoir par le général François Bozizé le 15 mars 2003, on assistera à une naissance et une prolifération progressive des mouvements rebelles en Centrafrique. La particularité de ces mouvements armés est qu'ils écument tous la partie septentrionale. Ce phénomène rebelle n'était pas totalement nouveau en Centrafrique[159] ; bien avant le 15 mars 2003, et hormis la rébellion des « *libérateurs* »[160] de François Bozizé, un mouvement rebelle existait déjà : le Mouvement des Libérateurs Centrafricains pour la Justice (MLCJ) fondé par Abakar Sabone, le 11 août 1998[161]. Ce mouvement avait conclu, dans le maquis, un accord à la fois politique et militaire avec le général Bozizé. L'accord prévoyait essentiellement une transition politique de deux ans et l'organisation des élections sans la candidature de Bozizé. Ce dernier, une fois le pouvoir conquis, annonce d'abord urbi et urbi qu'il ne serait pas candidat ; un an plus

[159] A titre de rappel, le premier mouvement rebelle fût celui des « *codos* », après le coup d'Etat fantoche du 3 mars 1982.

[160] « *Libérateurs* » est le nom donné aux rebelles de François Bozizé qui l'ont soutenu dans sa conquête violente du pouvoir.

[161] Voir communiqué de presse du MLCJ du capitaine Abacar Sabone datant du 7 octobre 2008 à Birao et publié sur Centrafrique Presse le 09 octobre 2008 ; voir http://centrafrique-presse.over-blog.com/article-23553592.html.

tard, en 2004, Bozizé décide se lancer dans la course présidentielle annoncée pour 2005. Suite à l'affrontement à l'arme lourde du 17 avril 2004[162], à la sortie nord de la capitale centrafricaine, entre des « *ex-libérateurs* » et l'armée nationale centrafricaine, beaucoup d'anciens combattants de la rébellion de François Bozizé s'exilent au Tchad.

Deux thèses s'opposent sur les raisons de cet évènement du 17 avril 2004. D'abord, pour Abakar Sabone qui s'exprime par écrit le 22 juillet 2008 dans les colonnes du journal électronique Centrafrique Presse, l'évènement du 17 avril est dû au non-respect, par le général François Bozizé, de sa parole donnée quant à sa non-présentation aux élections présidentielles de 2005[163]. Enfin, Alain Georges Ngatoua, Porte-parole du Président François Bozizé affirme plutôt que la violence du 17 avril s'explique par la non-satisfaction des anciens combattants de Bozizé en termes d'indemnités : « *Ne trouvant pas assez importantes les indemnités qui leur ont déjà été versées, et appliquant*

---

[162] Le 17 avril 2004, au nord de la capitale, le PK 11, qui abrite la résidence de François Bozizé, les ex-libérateurs bloquent la route, érigent des barricades, et s'adonnent aux exactions sur des civils choisis au hasard. L'armée Centrafricaine appuyée par les troupes de la Force Multinationale d'Afrique Centrale (FOMAC) intervient et l'affrontement durera moins d'une heure. Trois (3) personnes y laissent leur vie tandis que sept (7) autres sont grièvement blessées ; voir AFP, 17 avril 2004, « *Echange de tirs entre armée Centrafricaine et « ex-libérateurs » à Bangui* ».

[163] Voir le communiqué du 22 juillet 2008 d'Abacar Sabone dans lequel il retrace le parcours de son mouvement avant d'annoncer son retrait du groupe UFDR : http://centrafrique-presse.over-blog.com/article-21430706.html.

visiblement un plan prévu à l'avance, ces derniers ont entrepris de bloquer les sorties de la capitale, tout en s'en prenant à une partie de la population »[164]. Non-respect de la parole donnée ou problème de primes, il est souvent constaté qu'après une conquête du pouvoir par des rebelles, le partage du butin pose toujours un problème.

L'élection présidentielle marquant la fin de la transition politique ouverte le 15 mars 2003 et le retour à l'ordre constitutionnel a eu lieu ; le rebelle et putschiste François Bozizé bénéficie désormais d'une « *légitimité* ». Le MLCJ d'Abakar Sabone, qui existait depuis 1998, sera imité et concurrencé par d'autres mouvements rebelles ; ceux-ci poussent comme des champignons, année après année, dans le nord centrafricain. Tel est le cas de l'Armée Populaire pour la Restauration de la Démocratie (APRD), créée en 2005 par l'ancien ministre de la Défense, Jean-Jacques Démafouth. Le phénomène rebelle s'amplifie, par l'apparition progressive d'autres groupes armés[165].

---

[164] Voir AFP, 17 avril 2004, « *Echange de tirs entre armée Centrafricaine et « ex-libérateurs » à Bangui* ».

[165] Front Démocratique du Peuple Centrafricain (FDPC) de Martin Koumta Madji dit Général Abdoulaye Miskine ; Mouvement Patriotique pour la Restauration de la République Centrafricaine (MPRC) de Stève Guéret ; le Front Uni pour le Changement (FUC) de Mahamat Nour Abdelkerim ; Convention des Patriotes pour la Justice et la Paix (CPJP) créé le 26 octobre 2008 par l'ancien Ministre Charles Massi[165] mais dirigé sur le terrain par Abdoulaye Hissein ; Mouvement des Libérateurs Centrafricains pour la Justice (MLCJ) dont le président fondateur est le capitaine Abakar Sabone ; Groupe d'Action Patriotique de Libération de Centrafrique (GAPLC) créé par M. Michel Am Nondroko Djotodia ; Front Démocratique Centrafricain (FDC) du

Dans un premier temps, toutes ces hordes de rebelles écumant le nord du pays, s'adonnent, individuellement, à des attaques contre les positions gouvernementales et à des exactions sur les civils. Dans un second temps, et au fil de leur lutte, la nécessité d'une fusion des différents groupes s'imposera aux yeux des principaux dirigeants rebelles, dans un souci d'efficacité. C'est ainsi que le 14 avril 2006 à Kigali (Rwanda)[166], une alliance est scellée et dénommée : l'Union des Forces Démocratiques du Rassemblement (UFDR). Ce regroupement est l'œuvre du MLCJ, du GAPLC et le FDC.

Six mois plus tard, le 30 octobre 2006, l'UFDR remporte sans coup férir une première victoire[167], par l'attaque et l'occupation de la ville de Birao, chef-lieu de la Vakaga. L'armée nationale mise en déroute, les nouveaux maîtres des lieux s'approprient l'arsenal d'armements et de munitions abandonnés par les soldats gouvernementaux, ainsi que de neuf véhicules dont pick-up. Cette victoire de la nouvelle coalition rebelle est portée à la connaissance de l'opinion, par un communiqué de revendication de l'opération réalisée. Dans la foulée, d'autres villes sont conquises. Ouanda Djallé, Sam Ouandja, Ndélé (le 27 novembre 2006) et la Haute- Kotto tombent les unes après les autres. La reprise du contrôle, par les FACA le 27

Commandant Justin Hassan ; Union des Forces Républicaines de Florian Ndjadder.

[166] http://centrafrique-presse.over-blog.com/article-21430706.html.

[167] INTERNATIONAL CRISIS GROUP, La République Centrafricaine : anatomie d'un Etat fantôme, Rapport N° 136, 13 décembre 2007, p. 27.

novembre, de ces villes conquises ne sera que de courte durée, puisque début décembre, l'UFDR revient à la charge et reconquiert Ouada Djallé et Sam Ouandja. Il aura fallu l'intervention de l'armée Française et des soldats tchadiens, le 30 novembre 2006, pour freiner l'élan conquérant et fulgurant de l'Union des Forces Démocratiques du Rassemblement (UFDR).

Devant cette capacité militaire de la coalition, le pouvoir en place se résout à dialoguer et à négocier. Quatre accords successifs vont être signés[168]. D'abord, le 02 février 2007 à Syrte (Libye), un Accord de Paix est conclu entre le gouvernement centrafricain et le Front démocratique du peuple centrafricain (FDPC), sous la médiation du colonel Mouammar Kadhafi. Le texte préconise l'arrêt immédiat des hostilités et de toute campagne de dénigrement par médias interposés, la libération des prisonniers politiques, le cantonnement des troupes du FDPC en un lieu à convenir entre les deux parties, l'abandon de tout acte militaire et de toute violence, et la proclamation de l'amnistie générale. Ensuite, le 13 avril 2007 à Birao (Centrafrique), un deuxième accord voit le jour, cette fois-ci, entre le gouvernement centrafricain et l'Union des Forces Démocratiques pour le Rassemblement (UFDR). Cet

---

[168] TAMEKAMTA ZOZIME Alphonse, « *Gouvernance, rebellions armées, et déficit sécuritaire en RCA : comprendre les crises centrafricaines (2003-2013)* », in Groupe de Recherche et d'Information sur la Paix et la Sécurité, Note d'analyse, 22 février 2013, 11 p. :

http://www.grip.org/sites/grip.org/files/NOTES_ANALYSE/2013/NA_2013-02-22_FR_A-TAMEKANTA.pdf

accord comporte le cantonnement des troupes de l'UFDR, la cessation des hostilités, la participation de l'UFDR à la gestion de l'État, la mise en place d'un programme urgent pour la réhabilitation et la réinsertion des combattants. De son côté, l'UFDR s'engage à renoncer à la lutte armée. En outre, le 9 mai 2008 à Libreville (Gabon), un troisième accord est paraphé entre le gouvernement centrafricain et l'Armée Populaire pour la Restauration de la Démocratie (APRD) : l'Accord de cessez-le-feu et de paix de Libreville. Celui-ci porte essentiellement sur le cantonnement des combattants de l'APRD et leur désarmement, l'adoption d'une loi d'amnistie générale, et le retrait des poursuites judiciaires engagées contre Jean-Jacques Démafouth, le leader de cette rébellion. Enfin, le 21 juin 2008 à Libreville, le quatrième accord est conclu. Ce texte dénommé Accord de Paix Global (APG) est signé entre le gouvernement centrafricain et trois mouvements rebelles : le Front Démocratique du Peuple Centrafricain (FDPC) d'Abdoulaye Miskine, l'Union des Forces Démocratiques pour le Rassemblement (UFDR) de Zacharia Damane, et l'Armée Populaire pour la Restauration de la Démocratie (APRD) de Jean-Jacques Démafouth. Ce dernier texte de paix a été doublement parrainé : par le Président Gabonais Omar Bongo Ondimba, intervenant ici en tant que président du Comité ad hoc dans l'espace CEMAC sur les questions centrafricaines d'une part, et le colonel Mouammar Kadhafi, Guide Libyen d'autre part.

CHAPITRE II :

LE COUP D'ÉTAT, FACTEUR D'EFFONDREMENT ET DE RECONSTRUCTION DE L'ORDRE CONSTITUTIONNEL

Les variables descriptives et explicatives des coups d'État en Centrafrique sont nombreuses. Les coups d'État en Centrafrique s'expliquent par plusieurs facteurs. Dans un premier temps, il est utile, en effet, de comprendre les raisons qui font que le pouvoir exécutif, qui doit être dévolu par le peuple, se retrouve finalement accaparé par la force et la ruse (SECTION I). Dans un second temps, il sera intéressant d'aller chercher à savoir ce que ces coups d'État répétés peuvent avoir comme incidence sur l'État (SECTION II).

SECTION I: LES FACTEURS EXPLICATIFS DES COUPS D'ÉTAT

Les causes directes ou semi-directes des coups d'État doivent être distinguées des situations diverses favorables à la réalisation de ces faits illégaux.

I. LES CAUSES REELLES DES COUPS D'ÉTAT

Elles peuvent se résumer à deux : d'abord la soif du pouvoir (A) et enfin l'ethnocentrisme (B)

A. La soif inextinguible du pouvoir, cause principale des coups d'État

En République centrafricaine, le premier facteur des coups d'État est la *soif du pouvoir* qu'on observe chez beaucoup d'hommes politiques et les militaires. Abordée strictement sous l'angle médicinal, la soif est le désir de boire, une sensation de sécheresse de la bouche et des muqueuses due à un besoin de l'organisme en eau. Le désir de boire traduit un besoin réel de l'organisme, nécessaire au fonctionnement de celui-ci. Pour vivre, l'homme ne peut pas ne pas boire. Mais tous les désirs ne sont pas vitaux pour l'homme. Une distinction doit donc être faite, aboutissant à l'identification de deux catégories de désirs. La première dans laquelle se retrouvent des désirs que l'homme ne peut pas ne pas satisfaire, à vrai dire des besoins vitaux. La seconde catégorie rassemble les désirs dont l'homme peut se passer ou refouler, sans que ceux-ci lui créent un certain problème. Le désir est toujours porté vers un objet ou encore une chose. L'objet désirable ici qui nous intéresse, c'est le pouvoir. Celui-ci relève de la seconde catégorie des désirs, car sans posséder le pouvoir, l'homme ne cessera pas d'exister ni ne s'exposera à aucune maladie. Ce préalable posé, on peut se demander si l'expression « *soif du pouvoir* » est bien justifiée dans le contexte centrafricain.

Classiquement, en politique, il est sain le fait de vouloir conquérir le pouvoir pour servir son pays, diriger l'État dans l'intérêt de son peuple, améliorer les conditions de vie de son peuple. Cette ambition est bien légitime dans toutes les sociétés démocratiques où la dévolution et l'exercice du pouvoir sont soumis à des règles précises et passent par une compétition politique qui est l'élection présidentielle. Cette question est alors réglée par le droit constitutionnel de chaque État. Sur ce point, l'État centrafricain ne déroge pas à la règle. Dans un tel cadre, tout citoyen peut éprouver et manifester le désir du pouvoir, pourvu que celui-ci se plie aux exigences constitutionnelles et démocratiques. Ici, le désir du pouvoir est celui que peut avoir tout citoyen politiquement engagé. En Centrafrique, même s'il existe des hommes politiques animés d'un tel désir, qui évoluent dans le respect des règles établies pour la conquête du pouvoir, il y'a cependant bien d'autres acteurs politiques chez qui on dénote un désir du pouvoir d'un autre degré, un désir inextinguible, lequel ne mérite plus le qualificatif de désir mais plutôt de soif, la *soif du pouvoir*, le *besoin du pouvoir*.

Sous l'angle politique, on peut alors entendre par l'expression « *soif du pouvoir* » un désir de prendre le pouvoir, mais il a ceci de particulier que, l'être en qui ce désir se produit, donne l'impression de le percevoir comme un besoin biologique, c'est-à-dire un désir absolument à satisfaire. Or, le *désir d'ordre politique*, qui est d'ailleurs légitime, ne présente pas un caractère nécessaire à la vie de l'être qui l'éprouve. À l'inverse du désir de boire, l'homme n'a pas besoin de parvenir au pouvoir pour vivre. La soif du pouvoir qu'on observe chez la majorité de la classe politique centrafricaine et même dans d'autres sociétés, apparaît comme anormale, un désir trouble, potentiellement subversif, puisqu'il peut conduire à des dysfonctionnements institutionnels.

En Centrafrique, la *soif du pouvoir* est donc l'un des points de départ des multiples coups d'État. Certains hommes politiques, tellement assoiffés du pouvoir, qui se savent impopulaires et qui se savent d'avance perdants à l'élection, sont prêts à tout pour contourner les règles constitutionnelles, et accaparer le pouvoir, au moyen des coups d'État. Face à leur soif du pouvoir, l'exigence démocratique de l'assentiment du peuple formalisée dans la Constitution, Loi fondamentale, apparaît à leurs yeux comme insignifiante.

Comme le souligne, Jacques Chevallier, le désir est par nature « *énergie libre, flux errant au cours capricieux et imprévisible : son investissement dans les institutions comporte un risque permanent de dénaturation, de perversion ou même de subversion de l'ordre institué* »[169]. Cette méfiance du Jacques Chevallier est amplement justifiée, de façon empirique, dans le contexte centrafricain. Malgré l'existence des règles constitutionnelles s'imposant à la conquête du pouvoir, on observe chez des hommes

[169]CHEVALLIER Jacques, « *L'analyse institutionnelle* », in L'institution, Centre universitaire de recherches administratives et politiques de Picardie, Paris, PUF, 1981, Ibidem, p. 46

politiques, un désir inextinguible du pouvoir. Comme nous l'avons démontré précédemment, les hommes politiques centrafricains ont prouvé à maintes reprises, qu'ils pouvaient, au moyen des coups d'État, satisfaire leur désir du pouvoir, mieux leur soif du pouvoir, piétinant ainsi à chaque fois, le cadre légal et institutionnel existant, notamment les règles relatives au pouvoir exécutif.

Malgré les interdictions constitutionnelles, l'homme peut choisir, pour diverses raisons, de ne point s'y conformer, d'où la naissance de la déformation institutionnelle ; et la soif du pouvoir, analysée en un désir inextinguible du pouvoir, en constitue un sérieux facteur potentiel. Guidé par ce désir désordonné, et au lieu d'une dévolution du pouvoir par le peuple, conformément aux règles du droit constitutionnel, un homme politique, comme c'est souvent le cas en Centrafrique, peut se lever un matin et arriver à s'autoproclamer Président de la République, Chef de l'État, à la suite d'un coup d'État[170].

Ils sont nombreux en Centrafrique, ceux qui manifestent une soif inextinguible du pouvoir, et le comble c'est qu'ils sont des contemporains. La combinaison de ces deux éléments, multiplicité et contemporanéité des assoiffés, aboutit à une rivalité farouche pour le pouvoir, et dans un tel contexte, les lois ne représentent plus rien, la vie humaine ne représente plus rien, la sécurité des biens et des

[170] C'est le cas du Général François Bozizé qui a renversé par la force le Président Ange Félix Patassé, le 15 mars 2003 en République Centrafricaine. Il en va de même pour Michel Djotodia qui a renversé aussi par la force le 24 mars 2013 le Général François Bozizé.

personnes ne représente plus rien[171]. Seul compte, *leur soif du pouvoir*. Assoiffé, chacun d'eux veut le pouvoir à tout prix. Si l'un d'eux arrive à conquérir le pouvoir le premier par les urnes ou par la force, les autres n'abdiquent pas ; ils s'organisent machiavéliquement chacun de son côté, pour déposer le détenteur du pouvoir et prendre sa place. Ainsi est faite l'histoire de la République centrafricaine. Quelques illustrations s'imposent pour mieux appréhender l'ampleur de la soif du pouvoir en Centrafrique. Les profils étudiés sont ceux des principaux auteurs de coups d'État. Ils sont abordés chronologiquement à partir du 1er décembre 1958, date de la création officielle de l'État centrafricain.

En premier lieu, on notait chez David Dacko une soif certaine du pouvoir. La soif du pouvoir de David Dacko naît à la faveur de l'exercice de la fonction de ministre de l'Intérieur que lui confia très tôt le Président Fondateur Barthélémy Boganda, après la proclamation de la République centrafricaine le 1er Décembre 1958[172]. Après la disparition, le 29 mars 1959, du Père de l'indépendance nationale, David Dacko réussira astucieusement à neutraliser le Vice-président Abel Goumba, le dauphin constitutionnel, et à s'imposer comme Président de la République. Bien que déposé le 31 décembre 1965 par son cousin Jean-Bedel Bokassa, David Dacko exilé en France réussira à retrouver par coup d'État son fauteuil présidentiel le 20 septembre 1979, grâce à l'opération Barracuda de

[171] On dénombre toujours beaucoup des morts et des blessés, des déplacés et des victimes d'exactions et de pillages de biens.
[172] SERRE Jacques, op. cit. , p. 23.

l'armée Française. Après l'arrivée du Général Kolingba, David Dacko, toujours animé de sa soif du pouvoir, compose avec le nouveau putschiste devenant même important dans le CMRN de Kolingba, et contre toute attente, sera successivement candidat aux élections présidentielles de 1993 et 1999.

En deuxième lieu, Jean-Bedel Bokassa, appelé par le cousin David Dacko pour fonder l'armée centrafricaine[173]. Nommé Chef d'Etat-major de l'armée nationale, il développe très vite son appétit du pouvoir, lequel était su par l'opinion y compris le Président Dacko[174]. Le 31 janvier 1965, Jean-Bedel Bokassa renverse son cousin Dacko et dirige le pays d'une main de fer jusqu'au 20 septembre 1979. Sa soif du pouvoir était telle que, durant son règne, il avait réussi à personnaliser le pouvoir, à concentrer entre ses mains tout le pouvoir de l'État. Evincé de son trône, Jean-Bedel Bokassa, depuis son exil d'abord ivoirien et

---

[173] FOKA Alain, « *Portrait de Jean-Bedel Bokassa (1/4)* », in Archives d'Afrique, émission de Radio France Internationale (RFI), 12 juillet 2010.

[174] FAES Géraldine et SMITH Stephen, Bokassa 1er, un empereur Français, Paris, éd. Calmann-Lévy, 2000, pp. 93-95 : « *Président de la République, Bokassa ne l'est pas encore en 1965. Mais il y songe déjà. « Ils me prennent tous pour un con, mais tu vas voir... », répète-t-il à Michel Elian, son voisin quand il habitait rue des Missions »...A Bangui, des ambitions se révèlent au grand jour. Début 1965, il y'a au moins deux candidats connus pour un coup de force, l'un sérieux, l'autre plutôt fantaisiste. Le chef de la gendarmerie centrafricaine, le colonel Jean Izamo...Dacko n'ignore pas, en particulier, que Bokassa rêve de s'asseoir dans le fauteuil présidentiel. « T'es trop con pour faire un coup d'Etat », lance-t-il à son cousin et chef d'état-major lors d'un dîner officiel, ajoutant à l'intention des diplomates médusés : « regardez-le, il ne cherche que les médaille »*

ensuite Français, continuera à réclamer à cor et à cri son retour aux affaires, pour retrouver son fauteuil, répétant même que « *mon peuple me réclame* »[175], ce peuple qu'il avait pourtant opprimé et bâillonné des années durant.

En troisième lieu, le général André Kolingba n'était pas du reste. Son coup réussi du 1er septembre 1982, ses multiples tentatives de coup d'État, notamment les mutineries à répétition de 1996 dont il tirait les ficelles, et enfin son sanglant coup d'État manqué du 28 mai 2001, démontrent à suffisance son appétit vorace du pouvoir. Même battu à plate couture et éliminé dès le 1er tour de l'élection présidentielle de 1993, le général André Kolingba, sous l'emprise de sa soif du pouvoir, trouvera l'énergie nécessaire pour se présenter aux élections présidentielles de 1999 et 2005.

En quatrième lieu, le général François Bozizé est l'un des assoiffés du pouvoir en Centrafrique. Ayant servi le régime impérial de Bokassa, ce militaire de formation a progressivement été envahi d'un désir de plus en plus prononcé pour le pouvoir. A la faveur des élections de 1993, Bozizé est candidat mais recueille un très maigre score. Patassé, le vainqueur, pourtant bien imprégné de l'appétence pour le pouvoir de ce dernier, le remettra tout de même dans le cercle du pouvoir, vraisemblablement au nom du lien régional et du lien de beau-frère[176]. Grâce à ses

---

[175] FOKA Alain, « *Portrait de Jean-Bedel Bokassa (1/4)* », in Archives d'Afrique, émission de Radio France Internationale (RFI), 12 juillet 2010.

[176] L'épouse de Patassé, Lucienne Patassé, était de la même ethnie gbaya que le général Bozizé. Beaucoup ont prêté d'ailleurs à cette

nominations successives à la tête de l'armée nationale, il ne renonce pas à son ambition politique. D'aucuns disent que lors du coup d'État du 28 mai 2001 revendiqué par le général André Kolingba, Bozizé, à l'instar de Jean-Jacques Demafouth, un autre assoiffé de pouvoir, préparait lui-aussi son propre coup d'État mais que le général Kolingba avait été le plus rapide à traduire en acte son projet de coup. Avec les rumeurs grandissantes, il se retrouve dans la ligne de mire du Président Patassé, fuit le pays en 2002 par le Tchad et revient par ce même pays à la tête d'une rébellion pour ravir le pouvoir à Patassé, le 15 mars 2003. Même renversé le 24 mars 2013 par la coalition Séléka, il continue de manifester publiquement sa soif du pouvoir en déclarant le 10 août 2013 sur les ondes de Radio France Internationale (RFI) : « *si l'occasion se présente, je souhaite reprendre le pouvoir* »[177]. Très vite, l'opinion, grâce à Centrafrique Presse[178], va être fixée sur la sincérité de ces propos, puisque le 26 août 2013 dans un hôtel Parisien, un ressortissant le surprend, flanqué de l'un de ses fils, en train de discuter avec un Libanais du projet d'achat d'armes de

---

dernière, d'avoir exercé suffisamment de pression sur Patassé pour que ce dernier se résolve enfin à le ramener Bozizé tout près de lui. Ce sera l'erreur politique que Patassé regrettera le plus, une fois évincé par Bozizé le 15 mars 2003. A la tête de l'Armée, Bozizé préparait son putsch en secret.

[177] http://www.rfi.fr/afrique/20130810-francois-bozize-centrafrique-reprendre-pouvoir-seleka-djotodia-rca ; voir également « Centrafrique, le Président déchu Bozizé est en France », in Jeune Afrique du 10 août 2013, DEPAFP20130810173738

[178] http://centrafrique-presse.over-blog.com/incident-dans-un-hôtel-parisien-où-bozizé-est-débusqué-alors-qu-il-s'entretenait-avec-un-de-ses-obscurs-amis-libanais

guerre, pour repartir à l'assaut de Bangui, et reconquérir le pouvoir.

En cinquième lieu, Michel Djotodia, qui a fait un coup d'État le 24 mars 2013, a lui aussi un désir assez poussé pour le pouvoir[179]. Sa soif du pouvoir date de très longtemps. En effet, une de ses collègues en Russie a d'ailleurs témoigné sur RFI, après le 24 mars 2013, que déjà étudiant, Djotodia avait clairement déclaré qu'il sera un jour Président de la République de son pays. Ayant tenté par deux fois, sans succès, de se faire élire Député de sa région, Djotodia embrasse le chemin de la rébellion, qui constitue de facto la seconde voix d'accession à la magistrature suprême en Centrafrique.

En dernier lieu, la soif du pouvoir en Centrafrique concerne bien d'autres hommes politiques dont Jean-Jacques Démafouth. Ce dernier songeait sans doute déjà au pouvoir, en regagnant la « *rébellion des codos* » des généraux Mbaïkoua et François Bozizé, après le coup d'État fantoche du 03 mars1982. Nommé ministre de la Défense, Jean-Jacques Demafouth se fait remarquer par le traitement qu'il accorde aux militaires. Seulement, des rumeurs persistantes à Bangui lui prêtaient un projet de coup d'État contre le Président Patassé. C'est ainsi qu'après

---

[179] « *Cet ancien étudiant en ex-URSS a été fonctionnaire. Il a tenté par deux fois, d'être élu député de sa préfecture, la Vakaga, sans succès. « Ca l'a énervé et ça l'a encouragé à passer à la lutte armée », raconte un ex-cadre de la rébellion. « C'est un homme qui a des ambitions politiques », précise un de ceux qui ont travaillé avec lui* » : http://www.rfi.fr/afrique/20130325-centrafrique-michel-djotodia-suspend-constitution-tiangaye.

le coup d'État manqué du 28 mai 2001 du général André Kolingba, Demafouth était accusé d'avoir sa propre conspiration, tout comme le général Bozizé. D'ailleurs, ces deux derniers se vouaient une haine politique connue de tous. Démafouth, ministre de la Défense et Bozizé Chef d'Etat-Major de l'armée nationale, collaboraient de façon républicaine en apparence mais se méfiaient l'un de l'autre, se surveillaient l'un l'autre car ils étaient, aux dires de beaucoup, tous deux animés d'une intention ferme mais cachée de prendre la place du Président Patassé. C'est ainsi que les deux vont avoir de sérieux ennuis judiciaires après le coup d'État manqué du général André Kolingba. Lorsque Bozizé réussit son coup d'État le 15 mars 2003, Démafouth crée une rébellion, l'Armée Populaire pour la Restauration de la Démocratie (APRD) et occupe une bonne partie du nord du pays. Candidat à l'élection Présidentielle de 2005, Démafouth, préfère rester à Paris, sans aller battre campagne à Bangui par peur des représailles de Bozizé.

Après la signature des accords de paix de 2008 à Libreville, il regagne Bangui, se présente à l'élection présidentielle de janvier 2011. Eliminé dès le premier tour, il cherche à se rapprocher politiquement du vainqueur Bozizé qui, sans succès. Après la signature des Accords de Libreville, Démafouth, adresse même par écrit au Président Bozizé sa candidature au poste de Premier Ministre de transition[180]. Lorsque la coalition Séléka engrange des

---

[180] Cette candidature sera d'ailleurs lue publiquement par le Président François Bozizé au Palais, lors de la réunion de concertation avec les forces vives de la nation, le 17 janvier 2011.

victoires militaires successives sur le terrain en direction de la capitale, Jean-Jacques Démafouth, réussit discrètement à quitter Bangui pour Paris, se rend à Brazzaville et à Ndjamena en quête d'un appui de ces deux pays traditionnellement influents s'agissant du dossier Centrafricain, pour mettre Michel Djotodia sur la touche et prendre la direction de la coalition rebelle dont les chances de prendre le pouvoir à Bangui devenaient de plus en plus certaines. Sans succès, Démafouth rentre à Bangui. Ayant certainement eu vent de la prise imminente de la capitale par la coalition Séléka, il s'exile au Tchad par la route et à moto, mais les autorités de ce pays le prient de rentrer dans son pays. Avec la transition politique ouverte par l'éviction du Président François Bozizé, Démafouth devient d'abord membre du Conseil National de Transition, tenant lieu de Parlement. Ensuite, il réussit à obtenir le poste de Ministre chargé du programme de Désarmement, Démobilisation et Réintégration (DDR), programme qui lui avait déjà été confié après la signature de l'Accord de Paix Global de Libreville de 2008, par le Président François Bozizé.

Si la soif du pouvoir explique en partie les coups d'État, elle est elle-même créée par divers éléments. Tout d'abord, un désir de puissance. Le pouvoir est perçu comme un moyen de devenir puissant. Ceux qui réussissent à s'en accaparer deviennent et se sentent puissants. N'est donc pas anodine l'appellation *« l'homme fort »*[181], souvent attribuée

[181] Voir par exemple « *Michel Djotodia, nouvel homme fort de Bangui* », in Le Figaro du 25 mars 2013 : http://www.lefigaro.fr/international/2013/03/25/01003-20130325ARTFIG00603-michel-djotodia-nouvel-homme-fort-de-

par les médias et les populations aux auteurs de coups d'État réussis. Ils sont craints, reçoivent les honneurs et en jouissent. Ensuite, la soif du pouvoir en Centrafrique est aussi motivée par la cupidité, la tentation du gain facile, et l'enrichissement personnel.

Comme on le verra plus loin, le pouvoir est perçu comme un moyen d'enrichissement personnel et facile, pour soi, pour sa famille, son ethnie, son clan. Enfin, la soif du pouvoir est alimentée par le désir de revanche politique. Celui qui a perdu le pouvoir brûle d'envie de se venger en revenant au pouvoir, que ce soit par élection ou par coup d'État. David Dacko avait réussi à assouvir ce désir de revanche en renversant, le 20 septembre 1979, celui qui l'avait auparavant renversé le 31 janvier 1965. D'autres anciens présidents de la République avaient également manifesté ce souhait de reprendre leur fauteuil présidentiel, ce qui les amena à être candidats aux élections présidentielles successives ou même à tenter un coup d'État.

B. L'ethnocentrisme, facteur explicatif mais non décisif des coups d'État

Plusieurs auteurs s'accordent à dire que l'ethnocentrisme irrigue et détermine la question du

---

bangui.php ; voir également « *Centrafrique, Michel Djotodia, nouvel homme fort de Bangui », in Jeune Afrique du 25 mars 2013* » : http://www.jeuneafrique.com/Article/ARTJAWEB20130325083810 ;

pouvoir en Centrafrique[182], et ce depuis la disparition du Président Fondateur, Barthélémy Boganda. L'ethnocentrisme constitue l'un des ferments des coups d'État en République centrafricaine. Ce concept est défini comme étant une « *tendance, plus ou moins consciente, à privilégier les valeurs et les formes culturelles du groupe ethnique auquel on appartient* »[183]. Ce terme renvoie à la notion d'ethnie, laquelle désigne un « *ensemble d'individus que rapprochent des traits communs, notamment une relative unité d'histoire, de langue, de culture et, le plus souvent, la référence à une occupation actuelle ou ancienne d'un territoire* »[184]. En République centrafricaine, on dénombre environ quatre-vingt-dix groupes ethniques[185],

---

182 FLICHY DE LA NEUVILLE Thomas (dir.), MEZIN-BOURGNINAUD Véronique et MATHIAS Gregor, Centrafrique, pourquoi la guerre ? Paris, Panazol-Lavauzelle, 2014, p. 36 ;

LUGAN Bernard, « *Ces cycles ethniques qui expliquent l'instabilité* », in l'Afrique Réelle, n° 38, février 2013, pp. 2-5.

LAFARGUE Régis, « *De l'autocratie impériale à la dictature d'une ethnie : au-delà du discours démocratique, réalités et pouvoirs en Centrafrique* », in Droit et Cultures, N° 35, 1998 / 1, pp. 223-245 ;

BIGO Didier, Pouvoir et obéissance en Centrafrique, Karthala, 1988, p. 13 et p. 265.

183 Dictionnaire de l'Académie Française, 9ème édition, 1992.

184 Ibidem. Ce dictionnaire précise que le terme *ethnie* est dérivé du mot grec « *ethnos » : « groupe d'êtres d'origine ou de condition commune, nation, peuple* ».

185 LUGAN Bernard, « *Ces cycles ethniques qui expliquent l'instabilité* », in l'Afrique Réelle, n° 38, février 2013, p. 3, cf. carte ethnique du Centrafrique ; voir également la Fiche Pays République Centrafricaine élaborée par le Haut-commissariat des Nations-Unies pour les réfugiés, janvier 2005, p. 5 : « *La population centrafricaine compte environ 90 groupes ethniques, assez proches les uns des autres, qui cohabitent de manière relativement pacifique* » ;

répartis en trois catégories[186]. C'est cette multitude d'ethnies qui crée consciemment ou inconsciemment l'ethnocentrisme.

---

[186] GRELLET Gérard et al., La République Centrafricaine, Paris, PUF, 1982, pp. 99- 102 :
« *L'on peut distinguer trois grands groupes ethniques : les populations de la savane, celles du fleuve et celles de la forêt.*
1. Les populations de la savane *– Elles sont constituées de quatre grands peuples ; les Banda, les Gbaya, les Sara et les Mboum.*
Les Banda sont dominants dans le Centre et dans l'Est. D'après certaines estimations ils compteraient 400 000 personnes après avoir été plus d'un million à la fin du XIXe siècle. L'histoire de leurs migrations explique que l'on trouve certains rameux Banda dans l'ouest et dans le nord (Yanguéré et Gbambéya).
Le groupe des Gbaya qui compte 350 000 membres (500 000 à la fin du XIXe siècle) est localisé au nord-ouest. Au groupe Gbaya doit être rattaché le groupe Mandjia (situé sur la rive gauche de l'Oubangui) qui fut très durement touché par le portage pendant les années 1920.
Les Sara comptent 100 000 membres et occupent la frontière tchadienne, pays auquel la majorité d'entre eux a été rattachée par le colonisateur de façon à contrebalancer l'influence des populations islamiques.
De même les découpages coloniaux ont laissé en Centrafrique près de 80 000 Mboum dont la majorité se trouve au Cameroun.
2. Les populations du fleuve. *– Ces populations dites « oubanguiennes » ou encore celle des gens d'eau » comprennent les Banzizi, les Sango, les Bouraka (Ngbaka) et les Yakoma. Elles ne compteraient plus aujourd'hui que 20 000 à 30 000 personnes. Leur position privilégiée le long de la seule voie naturelle de pénétration que constitue le fleuve leur a permis de jouer un rôle important de contact en particulier entre les sultanats musulmans situés à l'est et les ethnies bantoues de l'ouest. L'importance de leurs traditions orales, commerciales et scientifiques (en particulier en pharmacopée) met ces populations un peu à part dans les cultures d'Afrique centrale.*
Une place particulière doit être faite aux Zandé, descendants des grands royaumes du XIXe siècles situés au nord de Mbomou. Ils ne sont plus aujourd'hui que 20 000.

Cet ethnocentrisme influe sur la perception du pouvoir. Le pouvoir est perçu comme le pouvoir d'une ethnie sur les autres. De même, l'opposition est perçue comme l'ensemble des ethnies qui cherchent elles aussi à

Notons enfin l'importance économique des groupes islamisés : Bororos qui possèdent le monopole de l'élevage et Haoussas qui détiennent une part importante du commerce.
3. Les populations de la forêt. *– La forêt a depuis toujours constitué une zone de refuge de sorte que l'on peut y trouver des strates de peuples d'origines très diverses. La population la plus ancienne est sans doute celle des pygmées ou négrilles ou tvides (du radical tvi ou tva, petit) qui seraient environ 16 000 d'après certaines estimations. En fait, la miscégénération a été importante et l'on observe une dégénérescence certaine du mode de vie traditionnel. Certains groupes se sont plus ou moins sédentarisés en s'embauchant dans les plantations de café.*
Traditionnellement les pygmées vivent en groupes nomades dans une étroite symbiose avec la forêt. Le système économique, purement prédatif, repose sur la cueillette et la chasse. La cueillette, effectuée par les femmes et les enfants, va du ramassage des tubercules à la récolte des nombreuses baies, feuilles comestibles ou pharmaceutiques en passant par les gros coléoptères, les escargots, les termites, les petits poissons des marigots... La récolte du miel sauvage occupe une place particulière. La chasse concerne surtout les petites antilopes attrapées au filet au terme d'un processus complexe de rabattage. Les Pygmées n'hésitent pas à s'attaquer aux cochons sauvages, aux gorilles de même qu'aux petits éléphants de la forêt
L'organisation sociale des pygmées reflète une adaptation particulièrement poussée à l'environnement. Le système déprédatif condamne au nomadisme. La taille du groupe (une vingtaine de familles) est dictée par la taille optimale du groupe de rabatteurs. En deçà celui-ci n'est pas efficace, au-delà la part de chaque chasseur est trop faible. Le groupe pygmée est, d'autre part, remarquablement homogène. La taille du groupe est trop faible pour qu'existe une division du travail (à part celle entre hommes et femmes) pour entretenir une élite parasitaire. Les décisions sont prises en commun, même si les chasseurs les plus habiles ont une influence prépondérante... ».

prendre le pouvoir. En ce sens, le pouvoir devient une propriété privée d'une ethnie. L'ethnie qui le possède devient dominante tandis que les autres ethnies se trouvent plus ou moins marginalisées et tenues à l'écart, à moins d'une alliance politique avec le pouvoir en place.

Du 1er décembre 1958, date de la proclamation de la République centrafricaine, au 29 mars 1959, date de la tragique disparition de Barthélémy Boganda, Père de l'indépendance, aucune forme d'ethnocentrisme n'était perceptible en Centrafrique. Barthélémy Boganda, avait réussi à garantir l'unité nationale, grâce à son charisme, ses discours rassembleurs mais également par la composition de son gouvernement, qui même très restreint, était suffisamment représentatif des équilibres régionaux pour ne pas dire ethniques. L'ethnocentrisme lié à la question du pouvoir naît en République centrafricaine, le 30 avril 1959, au moment de la succession de Barthélémy Boganda. Abel Goumba, dauphin spirituel de Boganda et intellectuellement le mieux placé, a été écarté au profit de David Dacko uniquement en raison du lien ethnique de ce dernier, *ngbaka* et un des membres de la famille de Boganda[187]. Abel Goumba était quant à lui de l'ethnie *Banda*.

---

[187] GOUMBA Abel, op.cit, pp. 258-259 : « *Mme Boganda pour qui j'avais beaucoup de respect et d'admiration pour son courage et son esprit d'analyse poussa l'exploitation de la crédulité des dirigeants de ce pays à tel point que ma déception tourna au dégoût, lorsqu'elle a osé déclarer, au cours d'un déjeuner avec les Ministres et autres personnalités politiques centrafricaines, chez le Haut-commissaire : « ceux qui voient Dacko pour la première fois sont frappés par la ressemblance remarquable entre le Président Boganda et lui, la seule*

Avec le coup d'État du 31 janvier 1965, le pouvoir va basculer brutalement entre les mains d'un autre membre de l'ethnie ngbaka, Jean Bedel Bokassa. La domination de l'ethnie ngbaka se renforçant visiblement de plus en plus, les membres d'autres ethnies vont également songer à prendre le pouvoir. C'est ainsi que, Jean Bedel Bokassa, essuie successivement trois coups d'État manqués, comme on l'a déjà fait savoir précédemment[188]. Le 20 septembre 1979, si Jean Bedel Bokassa perd, par coup d'État, le pouvoir, son ethnie ngbaka conserve le pouvoir, puisque

---

différence provenant de la couleur de la peau, qu'il a plus claire par rapport à Boganda (taille, démarche, attitudes, etc...) » Or, pour la plus grande honte de notre pays, les journalistes ont toujours présenté Dacko succédant à Boganda, comme cousin de ce dernier, ce qui laissait clairement sous-entendre une opération successorale dans la plus pure tradition des peuples primitifs où les successions sont les affaires de famille, de clan, de tribu, de dynastie et non des capacités individuelles ou d'équipes dirigeantes homogènes pour conduire les destinées d'une nation dont la caractéristique est la diversité des composantes. Malheureusement, Ngounio le successeur de Boganda à la tête du parti, devait confirmer ces déclarations de honte quelques mois plus tard en disant que « s'il a présenté la candidature de Dacko, à la présidence du Gouvernement, ce n'est pas parce qu'il le méritait, mais parce qu'il était un des membres de la famille de Boganda ». Nous reviendrons sur cette déclaration qui montre, on ne peut plus, ce bas niveau intellectuel et moral de Ngounio dont nous parlions précédemment, bas niveau qui lui donne la vision des affaires du pays à travers les lunettes d'un chef de tribu. Voilà la source de malheur du peuple centrafricain, la cause du spectacle humiliant que je viens décrire ».

188 A titre de rappel, le colonel Alexandre Banza tente un coup d'Etat sans succès en avril 1968 ; ensuite, le colonel Auguste Mbongo essaie mais échoue à ravir le pouvoir à Jean Bedel Bokassa en 1973 ; enfin, la troisième tentative est l'œuvre du Commandant Fidèle Obrou, le 3 février 1976.

c'est David Dacko qui reprend son fauteuil présidentiel qu'il garde jusqu'au 1er septembre 1981.

Le 1er septembre 1981, le pouvoir, « *propriété* » de l'ethnie ngbaka se retrouve entre les mains de l'ethnie Yakoma, grâce au coup d'État du général André Kolingba. Le professeur Maurice Kamto souligne également le caractère ethnique de ce coup d'État du général André Kolingba : « *Revanche ethnique enfin ; celle des Yakoma sur l'accaparement du Pouvoir depuis vingt ans par les M'Baka, ethnie de Boganda, le fondateur de la Centrafrique, de Bokassa, le maréchal-Président à vie, devenu Empereur, de Dacko, le Président de la République « ingénu », victime facile de deux coups d'État militaires. Cet aspect ethnique du coup d'État du 1er septembre se dégage de la composition humaine de la nouvelle catégorie dirigeante ; tous les hommes-clefs du nouveau régime appartiennent, en effet, à l'ethnie Yakoma, à commencer par le général Kolingba et la majeure partie des ministres. C'est aussi l'ethnie de MM. Ayandho, Songomali et Gallin-Donate* »[189]. André Kolingba gère le pays de façon clanique, fait la promotion des membres de son ethnie Yakoma aux postes les plus importants, et n'hésite pas à réprimer dans le sang des contestations qu'il croit provenir des autres ethnies hostiles notamment du nord.

Mais le 03 mars 1982, d'autres généraux, Alphonse Mbaïkoua et François Bozizé, d'ethnies différentes

---

[189] KAMTO Maurice, Pouvoir et droit en Afrique : essai sur les fondements du constitutionnalisme dans les Etats d'Afrique noire francophone, Paris, LGDJ, 1987, pp. 368-369.

(respectivement ethnie Sara et ethnie Gbaya), mais tous deux ayant en commun d'être originaires du nord, se voient accuser d'avoir commandité sans succès un coup d'État contre le général André Kolingba. Avant d'aller plus loin, les développements précédents appellent deux remarques.

En premier lieu, l'on constate en effet que, du 1er décembre 1958 au 1er septembre 1981, soit vingt et trois ans sans interruption, le pouvoir exécutif a été de facto la propriété d'une ethnie, l'ethnie n*gbaka*, comme le soulignent également les auteurs Gérard Grellet, Monique Mainguet et Pierre Soumille[190]. Barthélémy Boganda, David Dacko et Jean Bedel Bokassa étaient tous issus de cette ethnie. L'on serait tenté d'expliquer cette longue domination de l'ethnie ngbaka par le fait que, d'une part, le premier Président de la République centrafricaine, Barthélémy Boganda, était de cette ethnie, et d'autre part, cette ethnie est originaire de la préfecture de la Lobaye.

En second lieu, si l'ethnie ngbaka perd le pouvoir le 1er septembre 1981, c'est une ethnie alliée, l'ethnie Yakoma faisant aussi partie des *populations du fleuve*[191], qui prend le pouvoir. Le pouvoir change de main mais reste dans la même région, celle dite du fleuve.

On peut ajouter ainsi que la position géographique des populations du fleuve, notamment des Ngbaka et des Yakoma, a joué en leur faveur. Elles sont situées le long du fleuve Oubangui, la seule voie naturelle de pénétration des

---

[190] GRELLET Gérard et al. La République Centrafricaine, Paris, PUF, 1982, p. 99.

[191] Expression forgée GRELLET Gérard et al. p. 100.

colons en Oubangui-Chari (actuel Centrafrique). Les populations du fleuve ont eu le privilège d'établir les tout premiers contacts avec les colons, d'accueillir ces derniers, de les voir s'installer ensuite auprès d'eux. C'est d'ailleurs dans cette région riveraine du fleuve Oubangui-Chari que s'installent majoritairement les sociétés concessionnaires coloniales au détriment des autochtones dépossédés de leurs terres[192]. C'est aussi dans cette région riveraine du fleuve Oubangui-Chari que seront construites les premières écoles, ce qui a eu pour conséquence que les premiers cadres du pays dont Barthélémy Boganda, étaient issus des ethnies du fleuve. L'un des privilèges créés par cette position géographique est politique, puisqu'au moment de l'indépendance, les colons ont d'abord pensé aux populations de fleuve, pour leur confier les rênes du pays, allant ensuite jusqu'à les aider à conserver le pouvoir pendant plus de deux décennies, notamment lorsque le Ministre d'État Abel Goumba, considéré comme le dauphin du Père de l'indépendance a été neutralisé au profit de David Dacko, lui aussi issu des populations dites du fleuve.

En 1993, Ange Félix Patassé, originaire du nord, membre de l'ethnie Sara, gagne les élections et ravit le pouvoir au général André Kolingba. Ange Félix Patassé lui aussi gère le pays de façon clanique avec son ethnie et le reste des ethnies du nord, naturellement alliées. Mais Kolingba et les siens, c'est-à-dire les membres de son ethnie ayant été progressivement dépouillés de leurs privilèges

[192] FOKA Alain, « *Portrait de Jean-Bedel Bokassa (1/4)* », op. cit., Vol. I.

d'antan, reviennent à la charge pour tenter à quatre reprises[193] de reprendre, par la force, le pouvoir. Il semble que durant deux ans et très discrètement, les membres de l'ethnie Yakoma, non seulement se réunissaient mais aussi cotisaient de l'argent, pour pouvoir permettre la réalisation du coup d'État mais finalement manqué du 28 mai 2001. Le caractère ethnique de ce coup contre le Président Patassé soutenu par ses frères du nord, ne fait aucun doute ; c'est ce qu'admet, à titre d'exemple, Rodolfo Sacco[194]. Un autre auteur, Régis Lafargue, confirme le caractère ethnique des trois mutineries à répétition et du coup d'État manqué du 28 mai 2001[195]. Face à tous ces harcèlements, Ange Félix Patassé tient bon mais plus pour longtemps.

---

[193] D'abord par trois mutineries successives à partir de 1996 et enfin par le coup d'Etat manqué du 28 mai 2001.

[194] SACCO Rodolfo, Le droit africain : Anthropologie et droit positif, Paris, Dalloz, 2009, p. 324 : « *Des tentatives de coups d'Etat se succèdent, menés par l'ex-président Kolingba et trouvant leur base dans le groupe ethnique des Yakoma : après ceux de 1996 et de 1997, le coup de mai 2001 échoue en raison de l'intervention, aux côtés de l'armée, de troupes libyennes et du Mouvement de libération du Congo* ».

[195] LAFARGUE Régis, « *De l'autocratie impériale à la dictature d'une ethnie :* au-delà du discours démocratique, réalités et pouvoirs en Centrafrique », in Droit et Cultures, N° 35, 1998 / 1, pp. 225-226 *: « La nouvelle démocratie du Président Patassé est confrontée aux mêmes défis que ceux qui ont précipité la chute de la première République (1960-1965) : le sous-développement, et surtout la corruption qui constitue le mal endémique du pays. Mais elle en affronte un plus mortel encore qui met en péril non seulement la démocratie mais l'intégrité du pays et l'existence de l'Etat : le tribalisme exacerbé par la lutte opposant deux groupes ethniques extrêmement minoritaires (les Yakoma du général André Kolingba et les Sara-Kaba du président Patassé), et leurs alliés respectifs soit l'ensemble des ethnies du fleuve contre les ethnies du nord. A l'image des pays de l'Est depuis la chute*

En effet, le 15 mars 2003, le général François Bozizé, de l'ethnie gbaya du nord, naturellement alliée, écarte le Président Ange Félix Patassé et prend sa place. En effet, si les gbayas trouvaient bien leur compte dans la gestion du pouvoir par Patassé, il reste que leur part du gâteau était moindre. L'acquisition du pouvoir par l'un deux leur assurerait une situation plus confortable à tous égards, d'où l'éviction de Patassé. A partir du 15 mars 2003, on assistera à l'hégémonie de l'ethnie gbaya, à tous les niveaux.

Le 24 mars 2013, derrière la coalition rebelle Séléka qui s'empare du pouvoir, on retrouve en réalité les ressortissants de la Préfecture de la Vakaga, « *une région multiethnique avec les Goula (principale ethnie), les Kara, les Youlou, les Rounga, les Sara, les Haoussas, et les Arabes* »[196]. Si, d'une façon générale, on remarque que

---

du Mur, les régimes dictatoriaux ont imposé une chape de plomb sur les revendications tribalistes, qui, à la faveur de la libéralisation, sont devenues des thèmes mobilisateurs pour la conquête « démocratique » du pouvoir. Ce constat a pu être fait dès les élections de 1981 et plus encore lors des campagnes électorales de 1992-1993. Durant les trois années qui suivirent cette dernière consultation électorale, les frustrations et la montée en puissance interethniques n'ont cessé de se nourrir du dénigrement par les tenants de Kolingba (l'ethnie Yakoma) du pouvoir exercé par les gens du nord. L'état de guerre civile latent que connaît le pays depuis mai 1996 (date de la seconde mutinerie militaire) est l'aboutissement d'une lente spirale de haine ethnique. L'armée centrafricaine mutinée contre le pouvoir défendu par la Garde Républicaine, constituent (sic) respectivement le bras armée de chacun des deux groupes ethniques (Sara contre Yakoma) en lutte pour un pouvoir que chaque camp semble décidé à conquérir ou à garder par la force même au prix d'une épuration ethnique, voire d'une partition du pays ».

196 DING KPI Jean, « La Vakaga, une préfecture marginalisée », in Le Confident.

l'ethnie au pouvoir marginalise les autres ethnies, la marginalisation des ethnies Goula, Kara, Youlou, Rounga, Haoussa et Arabe est particulièrement choquante et révoltante. Ces populations sont considérées, à juste titre d'ailleurs, et avec les Pygmées, comme les populations les plus marginalisées de Centrafrique depuis l'indépendance[197]. Cette forme d'exclusion est massivement reconnue et pointée du doigt non seulement par les populations victimes elles-mêmes mais aussi par bien des personnes physiques ou morales[198]. Le journaliste

---

http://www.leconfident.net/LA-VAKAGA-UNE-PREFECTURE-MARGINALISEE_a2825.html

[197] International Crisis Group, La République Centrafricaine : anatomie d'un Etat fantôme, Rapport N° 136, 13 décembre 2007, note de synthèse, p. 2 : « *A l'instar du Darfour, la province centrafricaine de la Vakaga est une région géographiquement reculée, historiquement marginalisée et, par-dessus tout, négligée par une administration centrale* ».

[198]« *Cette région est marginalisée depuis l'indépendance* » : http://trianglegh.org/AssociationHumanitaire/Francais/html/NosActions/MissionsHumanitaire/RCA/RepubliqueCentrafricainePEC.html

Voir également KANGUI Daniel, « Séléka ne fait pas exception à la règle », in Le Confident : « *Ainsi donc, Séléka une nébuleuse d'alliance en l'occurrence composée des hommes politiques et des militaires aigris par les errements de la gouvernance du régime de Bozizé, annonça clairement ses intentions de renverser le pouvoir parce que disent-ils, leurs régions et religion sont marginalisées depuis l'Independence. En effet, composée des rebelles à plus de 80% de la région du Nord-est issus des ethnies Sara, Goula, Youlou et Rounga, tous des musulmans, cette coalition stimulée par des revendications revanchardes religieuses et régionales s'est résolue à accéder au pouvoir par la force. Les indiscrétions provenant de leurs rangs, l'état éthique aidant, attestent que leur mission consiste également à commettre le maximum de dégâts sur leur passage afin de rétablir l'équilibre entre le nord et le sud. On leur a surtout fait croire que s'ils parviennent à accéder au pouvoir, tout ce qui est détruit par eux sera*

Jean Ding Kpi dépeint sans détour cette injustice sociale[199]. Comme pour rattraper leur retard ethnique, les nouveaux maîtres du pays, Michel Djotodia et ses hommes vont rapidement laisser apparaître leur ethnocentrisme. Sur Trente-quatre (34) ministres, douze (12) ministres sont originaires de la région de la Vakaga. Au fil des jours, des décrets de nomination à divers postes administratifs, politiques et diplomatiques sont lus sur les ondes de la radio, et l'on s'aperçoit qu'une part belle est faite aux ressortissants du nord-est Centrafricain.

Nous avons déjà noté que les populations ou les ethnies dites du fleuve ou encore les riverains, avaient réussi, de l'indépendance à l'avènement de la démocratie en Centrafrique, à faire du pouvoir exécutif leur monopole au détriment des autres composantes ethniques. À partir de 1993, ce monopole a quasiment changé de camp, en faveur

---

reconstruit et surtout Birao et Ndele seront désenclavées par la construction d'une route goudronnée », http://www.leconfident.net/SELEKA-NE-FAIT-PAS-EXCEPTION-A-LA-REGLE_a6032.html

[199] DING KPI Jean, « *La Vakaga, une préfecture marginalisée* », in Le Confident.
http://www.leconfident.net/LA-VAKAGA-UNE-PREFECTURE-MARGINALISEE_a2825.html : « *Au plan infrastructurel, on déplore l'état des routes et des équipements sanitaires et scolaires depuis l'indépendance. Ce n'est pas sans raison que certains rebelles affirment qu'il n'y a pas d'écoles, de centres sanitaires et même d'eau potable en raison de l'absence de tout programme de forage par le ministère des mines et de l'hydraulique. Raison de plus pour que certains natifs de la Vakaga affirment avec une pointe d'humour noir que dans cette contrée abandonnée à elle-même, les hommes, les femmes et les enfants se disputent de l'eau potable avec les bêtes sauvages et notamment les panthères* ».

des ethnies du nord et du nord-est, lesquelles exercent depuis le pouvoir, d'Ange Félix Patassé à Michel Djotodia en passant par François Bozizé.

Trente-cinq ans de règne pour les gens du fleuve et vingt ans pour les gens de la savane, si l'on retient le 1er décembre 1958, date de proclamation de la République centrafricaine, comme date de départ ; trente-trois ans de règne pour les gens du fleuve et vingt ans pour les gens de la savane, si l'on adopte comme point de départ le 13 août 1960, date de proclamation de l'indépendance nationale.

En poursuivant notre analyse, non seulement en termes de bilan d'exercice du pouvoir exécutif, mais aussi en gardant l'ethnicité comme angle d'approche, on aboutit à une conclusion simple. L'on remarque, dans les deux hypothèses de point de départ, que le record de détention et d'exercice du pouvoir est largement favorable aux populations du fleuve. Dès lors, toute analyse qui ne se départit pas de l'ethnocentrisme, relèvera assurément le net déséquilibre subséquent au détriment des populations de la savane, situation potentiellement perceptible comme une forme d'injustice.

L'ethnocentrisme, comme cause secondaire des coups d'État n'est pas propre à la République centrafricaine ; il est davantage plus marqué dans la sous-région africaine dite des Grands Lacs, notamment au Burundi et au Rwanda[200]. Jean-Pierre Pabanel, traitant des

---

[200] **Au Burundi**, les rivalités ethniques entre Hutu et Tutsi ont été caractérisées par plusieurs coups d'Etat. Le premier coup d'Etat est perpétré par Michel Micombero, de l'ethnie Tutsi, le 28 novembre 1966. Le 9 novembre 1976, un autre Tutsi, Jean-Baptiste Bagaza prend

également le pouvoir par la force. Le 3 septembre 1987, Pierre Buyoya, lui aussi Tutsi, dépose Jean-Baptiste Bagaza et s'installe sur son trône. Après cette longue domination politique de la minorité Tutsi, un Hutu, Melchior Ndadaye gagne la première élection présidentielle démocratique du pays avec 64, 79 % des suffrages contre 32, 47 % pour Pierre Buyoya (Tutsi). Bien que le nouveau Président de la République, sans doute guidé par un souci de l'équilibre ethnique, fait confiance à Sylvie Kinigi, une Tutsi et lui confie le poste de Premier Ministre, les Tutsi contrôlant majoritairement l'armée nationale, opèrent un coup d'Etat dans la nuit du 20 au 21 octobre 1993 ; ce coup est bien sanglant puisque plusieurs personnalités politiques et pas des moindres sont assassinées : Pontien Karibani, Président de l'Assemblée Nationale, Gilles Bimazubute, Vice-président de l(Assemblée Nationale, Juvénal Ndayikeza, Ministre de l'Administration du Territoire. On dénombre aussi la mort de plusieurs milliers dizaines de personnes civiles du fait des violences interethniques occasionnées par le coup. Après plus de deux ans de Transition politique mouvementée et stérile, Pierre Buyoya reprend le pouvoir par un autre coup d'Etat.

Au Rwanda voisin, ce sont les rivalités ethniques entre Hutu et Tutsi à propos du pouvoir qui ont conduit à la grande tragédie humaine dans ce petit pays d'Afrique Centrale. Les Hutu avec le Président Juvénal Habyarimana et les Tutsi avec Paul Kagamé Chef de la rébellion Front Patriotique du Rwanda (FPR) s'affrontaient jusqu'au 6 avril 1994, date d'assassinat du Président Juvénal Habyarimana.

Les deux ethnies, Hutu et Tutsi qui se retrouvent dans les deux pays, développent fortement chacune un complexe de supériorité à l'égard de l'autre, comme le décrivent mieux les auteurs **BONIFACE Pascal et VEDRINE Hubert, Atlas des crises et des conflits, Paris, Armand Colin / Fayard, 2009, p. 69** : « *Le Ruanda-Urundi était jusqu'en 1918 une colonie allemande réunissant les actuels Burundi et Rwanda. La Belgique en a reçu le contrôle après la première guerre mondiale. A partir de différences secondaires, le système colonial belge allait créer une distinction profonde entre Hutus et Tutsis qui partageaient la même histoire et la même langue. Ce clivage était autant social qu'ethnique : les Tutsis d'origine nilotique, étaient éleveurs et socialement plus considérés, les Hutus du groupe Bantou agriculteurs. Les Hutus qui pouvaient acquérir du bétail étaient progressivement considérés comme Tutsis. Ces derniers, très minoritaires, furent choisis comme relais par les colonisateurs belges qui les favorisèrent en permettant aux meilleurs d'entre eux un accès à l'école, refusé aux Hutus. Les*

coups d'État militaires en Afrique noire, aborde la question de « *l'explication par la question ethnique* »[201]. Puis, l'auteur cite le cas du Nigéria étudié par un autre auteur, D. Ting[202]. Pour finir, l'auteur considère comme nous, que l'explication ethnique ne saurait être la *cause principale* des coups d'État : « *On ne peut nier le fait ethnique, mais il est utile de le resituer dans un contexte explicatif plus large. Ce n'est pas une explication en elle-même, mais une variable dont dépendent d'autres facteurs* »[203].

Au bout de cette analyse, on retient que le fait ethnique peut parfois servir de terreau aux coups d'État en Afrique comme au Burundi et au Rwanda. La République centrafricaine n'échappe pas à cette triste réalité. Ainsi, la vie politique, ou mieux les règles d'acquisition et d'exercice du pouvoir en Afrique sont susceptibles, à tout moment, d'être déformées par le fait ethnique[204], lequel

---

Tutsis furent considérés comme des « Européens noirs » et fournirent les cadres de l'administration coloniale belge. Ils développèrent un sentiment « aristocratique » de supériorité face aux Hutus, chez lesquels la rancœur et le désir de vengeance s'installèrent. Dans les années 1950 les Tutsis, plus instruits, développèrent des thèses anticoloniales alors que les Hutus restaient majoritairement loyalistes ».

[201] PABANEL Jean-Pierre, Les coups d'Etat militaire en Afrique noire, Paris, L'Harmattan, 1983, p. 57 et s.

[202] L'auteur cite D. Ting, les Coups d'Etat militaires en Afrique de l'ouest, p. 69, qui soutient que « *Le Nigéria est l'exemple le plus révélateur des coups d'Etat militaires causés directement et presqu'exclusivement pars des problèmes tribaux, accentués par la lutte économique que se livrent en Afrique les pays développés* ».

[203] Ibidem, pp. 57-58.

[204] DUSSEY Robert, L'Afrique malade de ses hommes politiques, Paris, Jean Picollec Editeur, 2008, pp. 67-68 : « *Sur le plan politique, l'on note une dérive ethniciste du pouvoir. La question ethnique fut*

engendre directement des injustices sociales, des tensions sociales, et parfois, indirectement des coups d'État. En ce sens, l'ancien Premier Ministre Jean-Paul Ngoupandé écrivit en 2004 : « *pour peu que des politiciens irresponsables ou des seigneurs de la guerre assoiffés de pouvoir jouent la carte de la division et instrumentalisent le fait ethnique, la paix civile est menacée* »[205].

Mais l'ethnocentrisme n'est pas le seul ferment des coups d'État.

II. LES TERREAUX DES COUPS D'ÉTAT EN CENTRAFRIQUE

Si les coups d'État en Centrafrique sont dus principalement à la soif du pouvoir des dirigeants politiques et accessoirement à l'ethnocentrisme, on observe qu'un certain nombre de circonstances concourent à leur

---

considérée par certains gouvernants comme une variable incontournable de l'espace politique africain. Dans la plupart des cas, les dirigeants s'entourent des membres de leur ethnie. On assiste à la perversion du sentiment naturel d'appartenance à une communauté historique ou national-ethnique, et à son utilisation à des fins politiciennes. Ici, cette féodalité prend toue sa dimension nocive et néo patrimoniale en accaparant tous les espaces de pouvoir et d'autorité, cumulant ainsi argent et monopole de la violence légitime. Ces faits exacerbent de toute évidence l'accaparement du pouvoir par une partie de l'élite et par conséquent amplifient les innombrables tensions sociales ».

205 NGOUPANDE Jean-Paul, « *Pour le consensus en République Centrafricaine* », in Géopolitique Africaine, N° 15-16, octobre 2004, p. 250.

réalisation. Ces circonstances sont de deux ordres, interne et international.

Edward Luttwak soutient que pour qu'un coup d'État puisse se réaliser, un certain nombre de conditions doivent préalablement être réunies, et il cite : « *une crise économique grave et prolongée, comportant un chômage important ou une inflation croissante ; une guerre longue et malheureuse, ou une cuisante défaite, soit militaire, soit diplomatique ; une instabilité politique chronique, due à l'existence de trop nombreux partis qui se disputent le pouvoir* »[206].

L'étude des coups d'État successifs en Centrafrique révèle que ceux-ci se produisent dans un contexte interne caractérisé par une conjoncture politique, économique et sociale. Mais nous aborderons cette question d'abord sous l'angle économique et social avant d'en venir au volet politique, dont la substance est variable, et qui peut ne pas exister avant la réalisation d'un coup d'État.

A. Les circonstances endogènes

1. La faiblesse constante de la situation économico-sociale et financière

[206] LUTTWAK Edward, Le coup d'Etat, théorie et pratique, Paris, R. Laffont, 1969, p. 41-42

Avant le coup d'État de Jean Bedel Bokassa, le 31 janvier 1965, la République centrafricaine, sur le plan économique, allait très mal. Recherchant les raisons de la chute du Président David Dacko, Didier Bigo estime que le pouvoir de Dacko était en déshérence et relève que Jean Bedel avait en effet profité « *du mécontentement populaire dû à une mauvaise gestion économique catastrophique…En ce qui concerne la situation économique, le PNB est passé de 26,7 à 33 milliards de francs CFA entre 1961 et 1964. La production de diamant n'a que très légèrement diminué, et continue d'assurer l'essentiel de la valeur du PNB…En revanche, il est vrai que la situation du coton et du café s'avère très critique. Or ces, productions représentent l'essentiel des revenus monétaires des agriculteurs. En effet, les conséquences de la chute des cours mondiaux s'ajoutent à la stagnation de la production. De plus, la politique économique effective se résume, malgré les slogans industrialistes, à la politique agricole, qui n'est que la prolongation de la politique du « salut économique » de R. Guérillot* »[207].

Un autre auteur, Auguste Ténè-Koyzoa fait le même constat ; pour ce dernier, la situation économique catastrophique de l'ère Dacko I était caractérisée en outre par la pratique de la corruption et de détournements massifs de deniers publics ; l'auteur note également conclut en affirmant que « *l'armée prit le prétexte d'un malaise social grandissant notamment avec le dépôt d'un préavis de grève*

---

[207] BIGO Didier, Pouvoir et obéissance en Centrafrique, Paris, Karthala, 1988, p.46.

par le secrétaire général de l'Union générale des travailleurs centrafricains (M. Maurice Ngouandjia) pour fomenter le premier coup d'État de la jeune République centrafricaine »[208]. De même, les mutineries récurrentes à caractère politique de 1996 à 1997 reposaient prétendument sur une mauvaise situation économique, sociale et financière caractérisée par des arriérés de salaires, comme le témoigne l'ancien Premier Ministre Jean-Paul Ngoupandé[209].

Il est donc vrai que tous les coups d'État manqués ou réussis en Centrafrique ont été tous réalisés sur la base d'une mauvaise situation économico-sociale et financière du pays. Il n'est donc pas judicieux à nos yeux d'aborder cette question coup d'État par coup d'État, au risque de se répéter inutilement. L'approche holiste de cette conjoncture parait ici la plus idoine. Pour tous les coups d'État ayant eu lieu entre le 31 janvier 1965 et le 15 mars 2003, cette conjoncture économico-sociale et financière est bien décrite

---

[208] TENE-KOYZOA Auguste, Centrafrique : histoire économique et sociale au 20ème siècle, Paris, L'Harmattan, 2006, pp. 160-165, spécialement p. 164.

[209] NGOUPANDE Jean-Paul, Chronique de la crise centrafricaine 1996-1997 : le syndrome barracuda, Paris, L'harmattan, 1997, p. 24 : « *Ma préoccupation était d'autant plus vive que, début 1996, la République Centrafricaine avait retrouvé le cycle infernal des retards de salaires. Nous en étions déjà à trois mois non payés lorsque démarra la mutinerie d'avril qui fut, on l'oublie souvent, précédée par des grèves et des manifestations de fonctionnaires civils, à l'initiative de l'Union Syndicale des Travailleurs de Centrafrique. La tension sociale servit de terreau à la mutinerie qui exprima pratiquement les mêmes revendications, liées aux retards de salaires* ».

de façon excellente à travers l'ouvrage d'Auguste Ténè-Koyzoa précité.

Il reste la situation économico-sociale et financière précédant le coup d'État du 24 mars 2013. Le Président François Bozizé a laissé le pays dans une situation économique, sociale et financière désastreuse, avec des perspectives économiques incertaines. Malgré de nombreuses aides financières et budgétaires dépassant toutes les aides accordées par la communauté internationale à tous les régimes précédents réunis, malgré l'assistance technique de la France et de l'Union Européenne, le régime du Président François Bozizé n'a jamais su redresser l'économie du pays ; la détérioration de la situation sociale est la résultante de l'état catastrophique de l'économie et des finances du pays. C'est toute l'opposition politique centrafricaine réunie qui présente mieux le sombre tableau économico-social et financier sous l'ère Bozizé[210]. Un tel tableau ne peut que servir de prétexte aux assoiffés du pouvoir pour réaliser un coup d'État. C'est ce qui se produira le 24 mars 2013, avec la prise violente du pouvoir par la coalition rebelle Séléka dirigée par Michel Djotodia.

[210]Mémorandum de l'opposition centrafricaine, Libreville, 10 janvier 2013 : « *Depuis le 15 mars 2003, le régime du Général François BOZIZE a été financièrement assisté comme aucun autre avant lui depuis l'indépendance en 1960. Près de deux milliards de dollars d'aide et d'appuis divers ont été mis à la disposition de ce régime... mais sans aucune amélioration des conditions de vie des populations...* » : http://afriquenewsblog.wordpress.com/2013/01/10/centrafriquememorendum-de-lopposition.

Mais ce serait injustifié et totalement subjectif d'accabler uniquement le Président François Bozizé en le rendant pour seul responsable de l'état économique, social et financier de la République. A l'exception du Père de la nation centrafricaine, Barthélémy Boganda, tous les régimes politiques successifs sont bien comptables du bilan des politiques publiques : David Dacko, Jean Bedel Bokassa, André Kolingba et Ange Félix Patassé avec tous leurs gouvernements successifs sont, à degrés divers et de par leurs différentes politiques, les responsables de l'état de l'État centrafricain.

Le délabrement économique, social et financier d'un pays, sans être une condition nécessaire, peut donc constituer un motif de coup d'État. Les auteurs d'un tel coup peuvent l'invoquer pour justifier leur action de « *libération* » du peuple. Cette vérité peut également se vérifier dans d'autres États du monde, et ce que Mélody Mock a démontré dans sa Thèse[211].

---

[211] MOCK Mélody, Le coup d'Etat moderne, formation a-juridique d'un nouvel ordre juridique, p. 432 : « *En étudiant les différentes prises de pouvoir, on voit bien des ressemblances dans les situations sociales, économiques et politiques, même si chaque cas est particulier et que l'on ne peut en tirer une règle absolue. Ainsi, pour pouvoir renverser un Etat, il semble nécessaire que l'Etat soit face à une crise économique qui se conjugue avec une crise sociale. On retrouve la crise agricole et surtout rurale en 1789, 1795, 1848, chez Nasser en Egypte, en Russie en 1917, ou encore au Chili. La population a du mal à se nourrir, elle s'appauvrit et le gouvernement en place n'arrive pas à gérer les pénuries. De même, au Portugal, on voit que le pays est pauvre, et que sous Vichy la guerre entraine une grave disette. C'est également le cas de la IVème République qui doit faire face à une pénurie de récoltes. La faim du peuple permet aux comploteurs de prendre le pouvoir sans que le peuple s'insurge.*

2. Le hold-up électoral, terreau de coup d'État

Tout d'abord, dans un État où une élection présidentielle est mal organisée, avec des résultats contestés, on ne peut pas être surpris par l'avènement d'un coup d'État. Un mauvais scrutin présidentiel est potentiellement une brèche ouverte, une raison offerte aux assoiffés du pouvoir, lesquels pourraient s'en saisir pour justifier éventuellement un coup d'État. L'opinion nationale convaincue d'un hold-up électoral trouverait moins choquant que le Président illégitime soit neutralisé ou déposé, même si ce procédé est inconstitutionnel.

Les Etats sont également la plupart du temps en faillite financière comme le Directoire, le Chili d'Allende ou la Russie de 1917. C'est aussi le cas de la France en 1958. G. Elgey explique que l'état des finances est déplorable, la France étant de loin le pays le plus endetté de l'Europe de l'Ouest. Selon le gouverneur de la Banque de France en 1957, la France est comparable à « Un commerçant à la veille de la faillite ». L'Etat doit faire face à une hausse spectaculaire des prix, à une dévalorisation du franc, et à une augmentation considérable des importations très onéreuses. Il doit même recourir au Fonds Monétaire International pour renflouer ses caisses vides. L'Etat ne remplit plus son rôle, et il ne suffit plus qu'une crise institutionnelle ou politique pour parachever les conditions nécessaires au coup d'Etat, comme ce fut le cas en Algérie. En plus de l'insécurité permanente, des attentats du FLN et de la répression militaire, l'Algérie traverse une situation économique et sociale dominée par le problème du chômage... ».

Il est avéré que les élections générales (législatives et présidentielles) du 23 janvier 2011 en Centrafrique furent très mal organisées ; elles n'ont été ni libres ni transparentes. Les partis d'opposition ont vu dans ces scrutins de la pure mascarade et un hold-up électoral réalisé au profit du Président sortant François Bozizé et de son parti le KNK. Hormis l'illégitimité et l'illégalité du Président François Bozizé réélu dès le premier tour, l'Assemblée nationale était devenue monocolore, puisque quasiment tous les partis d'opposition en étaient exclus. Même les leaders des grands partis d'opposition n'y avaient pas droit de cité, leurs suffrages ayant été détournés au profit des candidats du parti KNK notamment plusieurs des fils Bozizé, épouse et maîtresses, ainsi que les membres de sa famille dont Joséphine Kéléfio.

Ces deux scrutins avaient naturellement donné lieu à de vives contestations de la part des opposants Centrafricains, lesquels avaient décidé d'unir leurs forces au sein du Front pour l'Annulation et la Reprise des Elections (FARE 2011), afin d'obtenir l'organisation de nouveaux scrutins. Le Président François Bozizé et sa majorité parlementaire opposent une fin de non-recevoir.

Dans un tel contexte politique, caractérisé par l'exclusion de plusieurs partis politiques du lieu républicain des joutes politiques et partisanes, on ne peut guère être surpris par la naissance d'une crise politique ni par l'installation de la violence, ou la réalisation d'un Coup d'État. A défaut de s'exprimer dans le cadre républicain, on est poussé à s'exprimer en dehors, et dès lors, cette expression peut revêtir plusieurs formes dont la forme violente qui n'exclut pas des actions subversives contre le pouvoir en place. C'est justement ce qui arrive le 24 mars 2013, avec le coup d'État de la coalition rebelle Séléka, seulement deux ans après ce double scrutin présidentiel et législatif très contesté du 23 janvier 2011 décrit ici.

Dans ce même registre, remontons le temps pour arriver au double scrutin présidentiel et législatif de 1999. La réélection du Président Ange Félix Patassé, dès le premier tour, fut contestée par l'opposition. Si le Président Patassé avait obtenu une majorité à l'Assemblée nationale, celle-ci lui fut contestée également ; d'abord, la majorité parlementaire n'était que très juste puisque seul un député avait pu faire la différence ; enfin, ce député, Dieudonné Koudoufara, était candidat de l'opposition, et avait été in extremis approché et soudoyé par le camp du Président Patassé pour un ralliement. Le mécontentement des opposants était grand. Les contestations allaient de plus en plus crescendo de la part des opposants qui voulaient en découdre avec le Président Patassé et son parti le MLPC. C'est ainsi que moins d'un an après ce double scrutin, on a assisté à la survenance du coup d'État manqué du 28 mai 2001 fomenté par le Général Kolingba, Président du parti RDC.

Un autre cas mérite aussi d'être cité. La réélection de David Dacko en mars 1981 donne lieu à de vives contestations de l'opposition notamment du candidat arrivé deuxième, Ange Félix Patassé. La tension politique et sociale est à son comble, lorsque le 14 juillet 1981, un attentat est perpétré à Bangui faisant plusieurs morts. C'est sur ce fond de tension politique et sociale née du hold-up électoral de David Dacko en mars, que le général André Kolingba s'empare du pouvoir, six mois plus tard, le 1er septembre 1981, par coup d'État[212].

3. *La tentation d'une présidence à vie et/ou d'une dynastie*

L'un des motifs du coup d'État du 20 septembre 1979 réalisé par David Dacko contre Bokassa était que non seulement ce dernier, dans sa folie du pouvoir, c'était auto-désigné Président à vie de la République centrafricaine, le 2 mars 1972. Le 4 décembre 1977, Bokassa devient empereur. Par ces deux évènements, Bokassa considère le pouvoir comme sa propriété privée, qu'il est prêt à en user, à en disposer toute sa vie et à le céder à son prince de fils. C'est la volonté clairement affichée d'une présidence à vie et d'une dynastie impériale. La conséquence était que les

---

[212] PABANEL Jean-Pierre, op. cit. : « *A la faveur de cette situation l'armée recomposée à partir de l'arrivée de Dacko commence à montrer ses intentions. En juillet le chef d'état-major, le général d'armée André Kolingba, se rend chez le président pour lui proposer premièrement de démissionner, et deuxièmement de remplacer le Chef de la gendarmerie par Christophe Grelombé. Dacko accepte la deuxième proposition, et un proche du chef de l'armée devient chef de la gendarmerie. A. Kolingba a sous son contrôle toutes les forces armées. La situation politique de rupture de la classe politique et l'état de siège l'ont placé au-devant de la scène. Il est prêt pour prendre le pouvoir, évitant ainsi un affrontement. Le 1er septembre 1981, A. Kolingba se rend une deuxième fois chez le président Dacko et exige de lui sa démission qu'il obtint. Les institutions sont suspendues. Un comité militaire de redressement national, de 23 membres, est installé avec, à sa tête, le chef d'état-major des armées* ».

autres politiques Centrafricains de l'époque devaient oublier leurs ambitions présidentielles. Le coup d'État de David Dacko, le 20 septembre 1979 était le seul moyen de briser la volonté d'appropriation du pouvoir à vie par Bokassa.

Dans l'histoire politique Centrafricaine, il n'y a pas que Bokassa qui fut tenté de garder le pouvoir à vie et de le transmettre ensuite à sa mort à un de ses enfants. On se souvient bien des réticences fortes du Général André Kolingba à s'engager dans la voie du multipartisme, après le discours de la Baule de François Mitterrand, et à organiser des élections démocratiques. Ces réticences traduisaient bien sa volonté de s'accrocher au pouvoir.

Il a été prêté au général François Bozizé l'intention de réviser à son profit la Constitution du 27 décembre 2004 en faisant sauter le verrou de la limitation du nombre et de la durée du mandat présidentiel, afin non seulement de se présenter à la présidentielle de 2016 et même se représenter indéfiniment à l'élection présidentielle. Le général François Bozizé ambitionnait secrètement aussi de léguer le pouvoir à son fils Francis Bozizé qu'il préparait déjà. C'est même cette question de sa succession dynastique qui a conduit en partie au limogeage de son neveu Sylvain Ndoutingaï. L'opposition démocratique et même les rebelles de la Séléka protestent vivement contre ce projet secret du général François Bozizé de modification de la Constitution[213].

---

[213] Mémorandum de l'opposition centrafricaine, Libreville, 10 janvier 2013 : « *La démarche hégémonique et brutale du Général François*

À toutes ces circonstances politiques pouvant favoriser la survenance de coups d'État, on peut ajouter la marginalisation de l'opposition et le caractère totalitaire d'un régime.

Mais toutes ces circonstances doivent être regardées non comme des causes directes ou explications directes des coups d'État mais simplement comme des variables déterminantes, des réalités, des situations d'ordres divers sur lesquelles peuvent s'appuyer des comploteurs ou assoiffés du pouvoir pour prendre le pouvoir. Car ayant conscience du caractère illicite d'un coup d'État, les auteurs s'emploient toujours à le justifier rapidement auprès du peuple. En cela, leur refrain favori, c'est la volonté de libérer le peuple du joug d'un tyran, d'un despote, d'un président incompétent, clanique, désireux de s'accrocher au pouvoir à vie. Les auteurs des coups d'État redoutent

---

Bozizé pour gagner « à tout prix» les élections présidentielle et législatives de janvier 2011 avec une majorité absolue à l'Assemblée Nationale était sans nul doute motivée par sa volonté non dissimulée de modifier la Constitution, afin de lever la limitation actuelle à deux du nombre de mandats présidentiels et de se donner ainsi la possibilité de se représenter à un troisième mandat présidentiel, puis enfin au-delà de cet horizon, d'assurer sa succession dynastique au pouvoir. C'est sous la pression de la rébellion armée, qu'il renoncera à cette entreprise anticonstitutionnelle » : http://afriquenewsblog.wordpress.com/2013/01/10/centrafriquememorendum-de-lopposition ; voir également Centrafrique Presse, « *Comment Bozizé tente de modifier la constitution pour rester au-delà de 2016* », 22 décembre 2012, http://centrafrique-presse.over-blog.com/article-comment-bozize-tente-de-modifier-la-constitution-pour-rester-au-pouvoir-au-dela-de-2016-113692018.html

toujours la réaction du peuple ; il leur faut un motif sérieux pour justifier leurs actes. Ainsi, David Dacko était présenté par Bokassa comme un Président incompétent, après le coup d'État du 31 décembre 1965. Bokassa, lui sera vu comme un tyran, un despote, un cannibale, massacreur d'enfants, après le coup d'État du 20 septembre 1979. Ange Félix Patassé, est regardé comme un Président démagogue et incompétent. Bozizé quant à lui est perçu comme un tyran et celui qui avait introduit des zakawas dans le pays.

B. Les circonstances exogènes

1. La circulation des armes de guerre en Centrafrique

La circulation d'armes de guerre est une circonstance favorable à la réalisation de coups d'État en Centrafrique. Sans les armes, le coup d'État est impossible. Le pouvoir ne bascule brutalement que si un groupe prend des armes pour renverser un pouvoir en place. La République centrafricaine qui n'est pas pourtant en mesure de fabriquer des armes de guerre voit celles-ci entrer et circuler sur son territoire sans son contrôle. Puisque ces armes sont fabriquées ailleurs et viennent de loin, on ne peut percevoir la circulation illégale des armes en Centrafrique comme un fait international.

Il y a lieu de préciser que tous les coups d'État en Centrafrique n'ont pas été favorisés par la circulation d'armes de guerre. En effet, hormis les armes acquises légalement par les gouvernements successifs de Centrafrique, on doit admettre que, du 1er décembre 1958 jusqu'au coup d'État fantoche du 03 mars 1982, les armes ne circulaient pas illégalement dans le pays. Ce phénomène nait après le coup d'État fantoche du 03 mars 1982[214], avec la création de la rébellion dite des « *codos* » des généraux Mbaïkoua et Bozizé. Ceux-ci, pour le besoin de leurs activités de résistance et de combat contre le pouvoir du général André Kolingba, devaient se procurer des armes en provenance de l'étranger. Toujours au cours de l'année 1982, des armes proviendront du Tchad voisin, suite au coup d'État de Hissène Habré contre le Président Goukouni Oueddei, le 7 juin 1982 ; c'est le début de la circulation d'armes légères dans la sous-région, surtout qu'après ce coup d'État au Tchad, une guerre civile opposera le camp Hissène Habré désormais au pouvoir et l'ancien Président Goukouni Oueddei retranché avec ses partisans dans le nord où il reçut l'aide militaire de l'armée de Kadhafi occupant depuis 1973 la bande d'Aozou.

Le phénomène « *zaraguina* » ou coupeurs de route est aussi fonction de la circulation des armes en Centrafrique. Les « zaraguina » sont des bandits de grand chemin qui

[214] BERNAN Eric G., La République Centrafricaine : étude de cas sur les armes légères et les conflits, Rapport Spécial, Genève, 2006, p. 9.

s'adonnent au racket des populations villageoises et des voyageurs[215].

Quand le général André Kolingba quitte le pouvoir en octobre 1993, il emporte discrètement avec lui des caisses d'armes. Trois ans après, ces armes vont servir pendant les trois mutineries à répétition de 1996 à 1997, dont le but était de permettre le retour du général au pouvoir. Ensuite, la sanglante guerre déclenchée au Congo Brazzaville le 05 juin 1997, et qui a permis le retour au pouvoir de Denis Sassou Nguesso, a contribué à la circulation d'armes légères en Centrafrique. Il en est de même de la guerre du Congo Démocratique qui a abouti au renversement Mobutu Sese Seko et l'auto-proclamation présidentielle de Laurent Désiré Kabila. La rébellion dévastatrice du général François Bozizé qui a emporté le Président Patassé le 15 mars 2003,

---

[215] DOUI WAWAYE Augustin Jérémie, La sécurité, la fondation de l'Etat centrafricain : contribution à la recherche de l'Etat de Droit, Thèse de Doctorat de Droit Public, Dijon, 2012, p. 61 : « *Les coupeurs de route pillent camions et voitures sur les axes routiers, s'en prennent aux biens des villageois, et utilisent de plus en plus la technique de l'enlèvement contre rançon. Les bergers Mbororo et les routiers centrafricains sont ainsi menacés : les premiers pour les dépouiller de leur argent en prenant leurs enfants en otage et les seconds en emportant leur argent et leurs biens. On le voit, les coupeurs de route vivent sur l'incapacité de l'Etat de se doter de force de l'ordre apte à assurer la sécurité publique. Ainsi, ils entravent la sécurité des personnes et des biens, les échanges et les investissements licites. Cette situation est liée à l'affaiblissement généralisé de l'Etat de droit et à l'aggravation de la corruption associant gardiens de l'ordre et délinquants* » ; voir également ABE Claude, « Pratique *et productivité de la criminalité transfrontalière en Afrique Centrale : l'exemple des zaraguina* », in Le bulletin de l'APAD, n°25, La violence endémique en Afrique, juin 2007, www.apad.revues.org

l'intervention militaire des troupes Libyennes et rebelles du Mouvement de Libération du Congo de Jean-Pierre Bemba, ainsi que toutes les multiples rébellions créées successivement en RCA dans la décennie 2000, vont aussi nourrir la circulation illicite d'armes de guerre en Centrafrique. Le phénomène va s'amplifier du fait de la guerre du Darfour et de l'arrivée des rebelles Ougandais de la LRA de Joseph Kony[216].

Depuis le 3 mars 1982 en Centrafrique, si le pouvoir exécutif est souvent acquis par la force, c'est aussi grâce à la disponibilité des armes. La circulation des armes profite aux conspirateurs de coups d'État. C'est ainsi que, par exemple, après le coup d'État du 24 mars 2013, il n'était point besoin de se poser des questions sur l'origine des armements de la coalition rebelle Séléka.

---

[216] Sous la direction de Joseph Kony, recherché par la Cour Pénale Internationale pour crimes de guerre et crimes contre l'humanité, l'Armée de Résistance du Seigneur (LRA) constitue l'une des guérillas les plus violentes et brutales au monde. Ce mouvement rebelle est né en 1998 dans le nord de l'Ouganda, avant d'étendre ses activités en République Démocratique du Congo notamment dans la Province orientale à l'extrême nord de ce pays pendant une dizaine d'années. Puis, Joseph Kony et ses hommes s'installent en 2008 sur le sol centrafricain, à l'est et au sud-est, fuyant l'armée régulière Ougandaise. Les activités guerrières de la LRA ne se limitent pas seulement à la République Centrafricaine. A partir du sud-est et l'est centrafricains, Joseph Kony, mène aussi des raids et incursions violentes et criminelles au Sud-Soudan. Nombreuses sont les exactions de la LRA ; on dénombre des viols violents et collectifs, vols, enlèvements et séquestrations d'enfants, de femmes et d'hommes, pillages, tortures physiques et morales et autres sévices inhumains et dégradants, vandalisme, tueries barbares et sadiques, abandon et exposition des corps de leurs victimes, mutilations physiques souvent génitales, éventrements des femmes enceintes.

2. *L'appui d'une puissance étrangère*

Certains coups d'Etats en Centrafrique se sont accomplis avec la bénédiction ou l'appui de puissances extérieures. Pour David Galula[217], cet appui extérieur peut revêtir plusieurs formes ; l'auteur en retient cinq (5) : moral, politique, technique, financier et militaire. Mais comme on le verra, l'intervention d'une puissance étrangère ne se limite pas toujours à un simple soutient ou appui aux conspirateurs ou comploteurs d'une prise illégale du pouvoir. Il peut arriver, que ce soit une puissance étrangère qui conçoive, prépare et mette à exécution un coup d'État au profit d'une personne.

La prise du pouvoir par David Dacko le 30 avril 1959 contre Abel Goumba n'a été possible qu'avec l'appui implicite de la France comme l'affirme Didier Bigo[218]. En effet, le Haut-Commissaire Paul Bordier, M. Naud, Président de la Chambre de commerce de Bangui et enfin de Mme Boganda, tous français avaient usé de leurs poids pour favoriser David Dacko au détriment d'Abel Goumba. Même si les manœuvres de M. Naud étaient occultes, certains ont conclu à un soutien de la France. Ce fut soutien à la fois *moral* (sympathie), *politique* (influence) et

---

[217] GALULA David, Contre-insurrection : théorie et pratique, Paris, Economica, DL 2008, pp. 60-61.

[218] BIGO Didier, Pouvoir et obéissance en Centrafrique, op. cit., p. 42 ; Voir également Goumba Abel, Les mémoires et les réflexions politiques du Résistant anticolonial, démocrate et militant panafricaniste, Abel Goumba : de la Loi-cadre à la mort de Barthélémy Boganda, vol. 1, op. cit., p. 256.

technique (conseils) en faveur de David Dacko. Le soutien en question fut déterminant pour que David Dacko s'empare du pouvoir, d'autant que ce coup s'était déroulé de façon très politique c'est-à-dire sans l'usage de la force. Il n'y a pas eu d'intervention de l'armée.

Le coup d'État à proprement intervenu le 31 décembre 1965, appelé « *coup d'État de la Saint-Sylvestre* », et qui est l'œuvre de Jean-Bedel Bokassa contre le Président David Dacko, a été réalisé avec « *l'aide de la France* » de l'avis d'Alain Foka de RFI[219].

Ensuite, on note la participation de l'armée Française à la réalisation du coup d'État du 20 septembre 1979, par lequel l'empereur Jean-Bedel Bokassa fut évincé du pouvoir. Pour la deuxième fois. Le rôle joué par la France dans ce coup d'État dépasse de loin le cadre d'un simple soutien, classiquement discret dans ce genre d'action illicite. Il ne fait pas l'ombre d'un doute que le coup d'État du 20 septembre 1979 fut un coup conçu, préparé, planifié et exécuté par le gouvernement Français. Cette action militaire Française a été baptisée « *Opération Barracuda* ». D'ailleurs, c'est le bénéficiaire de cette intervention française, David Dacko, qui en apporte lui-même les preuves, par un témoignage recueilli par Jacques Serre[220].

---

[219] FOKA Alain, « *Portrait de Jean-Bedel Bokassa (1/4)* », op. cit., Vol. III.

[220] SERRE Jacques, Biographie de David Dacko, premier Président de la République Centrafricaine : 1930-2003, op. cit., p. 121-122 : « *Profitant du déplacement de Bokassa à Tripoli, où il était allé demander de l'aide et des fonds à Kadhafi, en échange d'une implantation politique et militaire de la Libye en RCA, l'opération fut mise en route. Le 20 septembre 1979 au matin, une petite voiture vint*

C'est donc l'armée Française qui est allée chercher David Dacko dans sa résidence Parisienne, le ramener à Bangui dans un avion militaire via Ndjamena pour lui remettre le pouvoir. A première vue, et surtout venant de la part d'une grande démocratie comme la France, une telle action n'a pas manqué de susciter de vives critiques. Condamnable sur la forme, l'intervention Française pourrait aussi perçue comme salvatrice. Deux raisons pouvaient avoir guidé l'action de la France. Tout d'abord, le régime impérial de Jean-Bedel Bokassa était tout sauf démocratique, un régime

---

me prendre rue Berri. On m'emmena sur un aéroport militaire proche de Paris et je fus embarqué sur un DC8 militaire avec l'état-major de l'opération commandée par un général. Nous sommes arrivés à Ndjamena en cours de journée vers 15 ou 16 heures. Pour attendre la nuit, je me rendis dans le bureau du chef d'état-major des Forces françaises au Tchad. A 19 heures, je revins à l'aéroport. Les troupes étaient prêtes à embarquer dans les Transall avec les véhicules. Je pris place dans le deuxième avion à décoller avec les officiers, une jeep et une 404 bâchée. Nous avons atterri à Bangui vers 23 heures. Il n'y eut aucune résistance ; les troupes centrafricaines, voyant arriver les Transall dans l'obscurité se débandèrent. Nos deux voitures furent accompagnées de quatre véhicules des techniciens de l'Asecna (Agence pour la sécurité aérienne) qui travaillaient sur l'aéroport. Notre convoi traversa Bangui sans aucun incident. Nous sommes allés directement au bâtiment de la radio. Les policiers, qui montaient la garde, ont voulu réagir mais nous les avons convaincus de déposer les armes. Après avoir investi la radio, celle-ci diffusa un peu de musique militaire plus l'hymne centrafricain. Je pris alors la parole et déclarai que l'Empire était aboli, Bokassa déchu, et que je rétablissais la République Centrafricaine. Je mettais en garde les soldats qui tenteraient de réagir en disant que toute résistance, notamment à Bérengo, serait écrasée avec des hélicoptères et mille hommes de troupe. Il n'y eut pas de réaction. Après la radio, j'allais m'installer au Palais. Le repérage des points stratégiques avait été effectué avant l'opération. Des détachements français occupèrent le port pétrolier, le central téléphonique, le camp militaire ».

tyrannique et sanguinaire[221]. Ainsi, l'intervention Française pouvait être vue comme une délivrance du peuple centrafricain, mieux une assistance à un peuple opprimé. Il faut rappeler que Jean-Bedel Bokassa était lui-même parvenu au pouvoir par coup d'État le 31 janvier 1965, un coup d'État bien sanglant[222], et de ce fait, ne pouvait se prévaloir d'une quelconque légitimité démocratique. Enfin, la France voulait peut-être se racheter de ses erreurs diplomatiques à l'endroit de la République centrafricaine. C'est la France en effet qui avait organisé et financé la cérémonie du sacre impérial de Bokassa, lequel était devenu très encombrant au vu de la personnalisation exacerbée du pouvoir et des crimes de son régime notamment le massacre d'enfants en 1979, crimes qui avaient révolté l'opinion tant nationale qu'internationale.

Après de multiples tentatives de coups d'État notamment les trois mutineries des années 1996-1997 et le coup d'État manqué du 28 mai 2001 dont a été victime le régime d'Ange Félix Patassé, ce dernier n'hésitait pas à pointer un doigt accusateur contre la France, en particulier son ambassadeur Jean-Marc Simon, pour son appui supposé aux comploteurs. La découverte, suite au coup d'État manqué du 28 mai 2001, de plusieurs caissettes d'armes de guerre estampillées Ambassade de France, au domicile du Général André Kolingba, revendicateur du coup, va

---

[221] Voir BIGO Didier, op. cit.

[222] Notons que Jean-Bedel Bokassa aura personnellement exécuté et fait exécuter, par exemple, certains dignitaires de l'ancien régime et même ses compères tels que le lieutenant Banza.

conforter le Président Ange Félix Patassé dans ses soupçons à l'endroit de la France.

En plus de la France qui, comme on l'a vu ci-haut, a apporté son soutien à des auteurs de coups d'État en Centrafrique dans des contextes relativement et parfois compréhensibles, il y a aussi l'intervention répétée du Tchad. C'est ce pays voisin situé au nord qui, dans un premier temps, accueille le général exilé François Bozizé, sert de base arrière aux troupes rebelles du général, et dans un second temps, appuie militairement le général lors de son coup d'État du 15 mars 2003. L'implication du Tchad dans ce coup ne fait aucun doute, comme le relèvent plusieurs auteurs[223]. Les bonnes relations de voisinage et même de fraternité entre les Présidents Idriss Deby du

---

[223] SAULET SURUNGBA Clotaire, Centrafrique 1993-2003 : la politique du changement d'Ange Félix Patassé, Paris, L'Harmattan, 2012, p. 186 : « *Le 15 mars 2003, ..., les patriotes militaires du front, sur ordre du général François Bozizé, appuyés par le Tchad, entrèrent victorieusement dans Bangui, contraignant l'avion qui ramenait Patassé de Niamey où venait de se tenir la conférence des chefs d'Etat des pays membres de la COMESSA, à mettre le cap sur le Cameroun, puis sur le Togo* » ;
MBOLI-GOUMBA Crépin, Les voies du possible en Afrique : le cas centrafricain, Paris, L'Harmattan, 2004, p. 24 : « *Il y' eut enfin l'entrée triomphale des rebelles de Bozizé dans la capitale... Le gros des troupes rebelles était composé de Tchadiens, la plupart appartenant à l'ethnie Zakawa, celle du Président Déby* » ;
AYAD Christophe, « *Putsch fatal à Patassé en Centrafrique* », in journal Libération, 17 mars 2003, p. 9 : « *Le Centrafrique est devenu, ces dernières années, un vaste terrain de jeu d'influences. L'implication libyenne a entraîné une ingérence du Tchad, dont l'engagement aux côtés de Bozizé ne fait aucun doute, dans le cadre du conflit larvé opposant Tripoli à N'Djamena* »

Tchad et Ange Félix Patassé avaient viré à l'acrimonie. S'agissant du coup d'État du 15 mars 2003, il faut souligner qu'en plus de l'aide multiforme Tchadienne, la situation internationale caractérisée par la guerre de la coalition internationale contre l'Iraq de Saddam Hussein avait été non un critère décisionnel mais tout de même un paramètre favorable à la réussite du coup ; l'attention des grandes puissances était portée sur cet évènement international en Iraq. Le même Tchad jouera à nouveau un rôle déstabilisateur, mais cette fois-ci à l'endroit de celui qu'il avait précédemment installé au pouvoir le 15 mars 2003, François Bozizé. Si la coalition rebelle Séléka dépose le Président François Bozizé, c'est à cause du rôle important, voire décisif du Tchad. En effet, si les rebelles sont partis de la région de l'est du pays pour s'emparer du pouvoir, il est avéré qu'ils ont bénéficié d'un soutien Tchadien multiforme, entre autres, militaire et technique, comme l'admet le Président déchu, s'exprimant sur RFI, dix jours après sa chute[224].

---

[224] VIGNON Boniface, « François Bozizé : « *Je souhaite le retour à la légalité constitutionnelle* », RFI, le 06 avril 2013 : http://www.rfi.fr/afrique/20130404-francois-bozize-seleka-benin-tchad-accords-libreville-seleka-deby : « *Nous connaissons la capacité militaire de la Séléka que nous avons réduite le samedi 23 mars. Mais le dimanche 24, ce sont des éléments nouveaux qui sont arrivés, avec des véhicules neufs, de l'armement neuf, une trentaine, quarantaine de pick-up équipés, ils ont traversé plusieurs villes avant d'atteindre Bangui; ils ont traversé des villes au Tchad, comme en Centrafrique. Or nous avons des antennes ici et là, la gendarmerie, la police, qui nous ont informés que cette fois ci, ce n'est plus la Séléka, mais que ce sont des éléments tchadiens qui vont en direction de Bangui* ».

A travers les causes et les facteurs des coups d'État en Centrafrique, nous avons pu comprendre pourquoi le pouvoir exécutif est souvent acquis de façon violente au détriment des règles constitutionnelles et des valeurs prônées par la démocratie. Afin d'avoir une vue complète sur les coups d'État, il est important d'aborder la question de leur impact.

SECTION II : L'IMPACT DES COUPS D'ÉTAT SUR L'ÉTAT

Les coups d'État produisent plusieurs conséquences notamment l'instabilité constitutionnelle et politique qui peut même devenir chronique comme en Centrafrique[225]. A chaque fois qu'un coup d'État se produit, c'est l'État qui reçoit d'abord directement le coup et qui en subit les conséquences. Son organisation et son fonctionnement sont gravement affectés. Son existence même est remise en cause, puisque l'ordre juridique et le système politique s'effondrent brutalement. L'État bascule d'abord dans le néant et dans l'inconnu chargé d'incertitudes, avant de renaître progressivement sur les plans juridique, politique, institutionnel, administratif, économique et diplomatique (I). Sur le plan social, les coups d'État, qu'ils soient manqués ou réussis, laissent toujours des traces, en ce qu'ils

[225] DARLAN Danièle, L'évolution constitutionnelle et juridictionnelle de la République Centrafricaine à travers les textes, Paris, L'Harmattan, 2018, p. 23.

affectent plus ou moins durablement la cohésion nationale (II).

I. L'EFFONDREMENT DE FACTO ET LA RECONSTRUCTION DE L'ÉTAT

En cas de coup d'État manqué, l'État est simplement affaibli. L'ordre juridique, politico-institutionnel existant avant le coup d'État est secoué sans s'ébranler. En revanche, en cas de coup d'État réussi, on constate que, dans un premier temps, l'État s'effondre en quelque sorte (A), et dans un second temps, il est progressivement reconstruit (B).

A. La dé-constitution brutale de l'ordre juridico-institutionnel et politique

Si on examine tous les cas d'accaparement du pouvoir intervenus en République centrafricaine depuis l'indépendance, on se rend bien compte que les auteurs de ces coups procèdent systématiquement à l'accomplissement d'une série d'actes pour officialiser leur prise du pouvoir et l'effectivité de celui-ci. Ceux-ci, comme tous les actes, produisent naturellement des effets. Mais la portée de ces actes peut s'apprécier sous les angles juridique et politique.

Les auteurs des coups d'État, s'attaquent en premier à l'ordre juridique ; ils suspendent la Constitution, la loi fondamentale de l'État, la loi qui précède toutes les normes internes, la loi dont dépendent la production et l'incorporation des normes internationales dans l'ordre juridique interne. Ensuite, les auteurs des coups d'État réussis ciblent les autres institutions ; ils annoncent également la dissolution du gouvernement et du parlement. Ces actes sont constatés à chaque coup d'État en Centrafrique, comme en témoigne Jean-Jacques Raynal[226].

C'est ainsi qu'après le coup d'État de Jean-Bedel Bokassa le 31 janvier 1965, la Constitution du 26 novembre 1964 a été abrogée ; l'Assemblée nationale composée des seuls députés du MESAN a été dissoute ; le Conseil Constitutionnel et le Conseil Économique et Social ont été carrément supprimés. Lors du coup d'État de David Dacko le 20 septembre 1979, toutes les institutions impériales furent dissoutes, à travers la proclamation solennelle par David Dacko de la « *déchéance de Bokassa 1er* »[227]. Après le coup d'État du général André Kolingba, la Constitution du 5 février 1981 a été abrogée ; le gouvernement a été démis de ses fonctions. Le coup d'État du général François Bozizé le 15 mars 2013 a donné lieu aussi à la suppression de la Constitution du 14 janvier 1995, à la révocation du gouvernement et dissolution du parlement. Enfin, l'auto-proclamation présidentielle par Michel Djotodia, le 24 mars 2013, a été suivie par l'abrogation immédiate de la

---

226 RAYNAL Jean-Jacques, « *L'évolution politique et constitutionnelle de la République Centrafricaine (1958-1983)* », in R.J.P.I.C, N° 4, 1983, pp. 795-816

227 FOKA Alain, « *Portrait de Jean-Bedel Bokassa (1/4)* », op. cit., Vol. III.

Constitution du 27 décembre 2004, du gouvernement et du parlement.

Intéressons-nous de près à la portée juridique des *actes de dissolution de la Constitution, du gouvernement et du parlement* par les auteurs d'un coup d'État. Du point de vue juridique c'est-à-dire de l'orthodoxie du droit constitutionnel, doit-on voir dans cette suspension ou dissolution des institutions, une simple désorganisation, un simple dépérissement de l'État ou plutôt la dislocation de celui-ci ? Toute tentative de réponse à cette question serait hâtive si elle n'a pas pour postulat juridique, la définition juridique de la notion d'État. Selon les professeurs de droit constitutionnel Jean Gicquel et Jean-Eric Gicquel, « *L'État est un groupement humain, fixé sur un territoire déterminé et sur lequel une autorité politique exclusive s'exerce. Il ressort de cette définition, que l'on est en présence d'un État, au sens du droit constitutionnel et du droit international, lorsque sont réunis trois éléments nécessaires et suffisants, à savoir : un élément personnel : la population ou la nation ; un élément matériel : le territoire et un élément formel : l'autorité politique exclusive ou la souveraineté* »[228].

Adoptons les trois éléments constitutifs précités de l'État, à savoir *la population ou la nation*, le *territoire* et *l'autorité politique exclusive ou la souveraineté*, comme éléments de notre réflexion. Quel est donc le sort de ces trois éléments constitutifs en cas de prise du pouvoir par la

---

[228] GICQUEL Jean et GICQUEL Jean-Eric, Droit constitutionnel et institutions politiques, 28e éd., op. cit, p. 54.

force ? En premier lieu, lorsqu'un coup d'État se produit, les auteurs du coup en question abrogent immédiatement la Constitution, la loi fondamentale de l'État. En deuxième lieu, ils se substituent par la force aux autorités en place, en prononçant dans la foulée de leur coup, la révocation du Gouvernement et la dissolution du parlement ; ils s'octroient tous les pouvoirs de l'État notamment la direction politique de la population de cet État. En dernier lieu, ils prennent le contrôle du territoire étatique, en occupant militairement les endroits stratégiques du pays.

On pourrait conclure en disant que, du fait de la neutralisation, par les auteurs d'un coup d'État, des trois éléments constitutifs c'est-à-dire le territoire, la population et le gouvernement, l'État, d'un point de vue juridique, se trouve désormais vidé de son essence, que l'État se serait effondré juridiquement. Mais en réalité, il n'en est rien. *L'effondrement dont il s'agit, c'est l'effondrement simplement politique de l'État*. Les conjurés sont parvenus à disposer de la réalité et de l'effectivité du pouvoir, sans en avoir tout de même la qualité juridique.

Sur le plan juridique, l'État continue d'exister. À cet égard l'argumentation doit dépasser le seul cadre du droit constitutionnel ; celui-ci doit être combiné à une autre branche du droit public, le droit administratif, et plus précisément le contentieux administratif. En effet, les auteurs d'un coup d'État, occupant le territoire étatique et prononçant des actes de d'abrogation de la Constitution, de la révocation du gouvernement et de la dissolution du parlement, sont juridiquement considérés comme des *usurpateurs de fonctions*. Dès lors, s'applique la théorie contentieuse de l'inexistence. En l'espèce, doivent être regardés, *non pas seulement comme illégaux mais aussi inexistants*, tous les actes posés par les usurpateurs du pouvoir, les usurpateurs des fonctions étatiques : occupation de l'espace territorial, dissolution de la Constitution, du gouvernement et du parlement.

Les actes des auteurs d'un coup d'État étant illégaux et inexistants, sont perçus comme nuls et non avenus pour trois raisons. Premièrement, du point de vue constitutionnel, aucun individu, que ce soit un membre d'un gouvernement de droit ou de fait, ni d'aucun organe étatique, ni encore aucun citoyen ou groupe de citoyens, ne dispose juridiquement de la qualité pour abroger la Constitution. Tout acte de cette nature doit être regardé comme juridiquement inexistant.

Deuxièmement, les auteurs de coups d'État, ne sont pas fondés en droit, à prendre les décrets de révocation du gouvernement et de dissolution du parlement, car n'ayant jamais été investis de telles compétences, lesquelles ne sont attribuées qu'à un président de la République désigné légalement.

Troisièmement et enfin, les auteurs d'un coup d'État en occupant le territoire de l'État notamment les points stratégiques territoriaux, se trouvent totalement dans l'illégalité, et sont considérés comme étant des agresseurs contre l'État. Seul l'État à travers ses représentants et ses organes est compétent ou dispose de la faculté d'administrer et d'assurer le contrôle effectif de son territoire. Ainsi, tous les actes que posent les auteurs d'un coup d'État relèvent de l'illégalité, mieux une existence leur est totalement déniée au point où ils s'exposeraient à une sanction en cas de contentieux.

D'un point de vue contentieux, sont compétents, autant le juge judiciaire que le juge administratif pour constater l'inexistence des actes susmentionnés ; en tant qu'actes inexistants, les actes précités ne peuvent ni constituer de situations acquises pour les auteurs du coup d'État, ni créer de droits et peuvent être annulés sans condition de délai[229].

Au final, en cas de coup d'État, on se retrouve juridiquement dans une impasse. En effet, tandis que d'un côté, politiquement, la réalité et l'effectivité du pouvoir basculent des mains des autorités légitimes et légales aux mains d'usurpateurs, mieux d'un *gouvernement de fait*, l'État continue quand même d'exister juridiquement sur le plan théorique, de l'autre.

L'État, en tant qu'organisation politique existe et fonctionne, mais l'État en tant que personne morale de droit public existe théoriquement, sans jouir de ses attributs classiques au nombre desquels le monopole de la contrainte organisée. Le gouvernement de droit devient un

---

[229] Conseil d'Etat, Section, 31 mai 1957, Rosan Girard, N° 26188 26325, Publié au recueil Lebon, p. 335 : « *Par cette décision, le Conseil d'État juge que certains actes administratifs sont affectés d'une telle illégalité qu'ils doivent être regardés comme inexistants, ce qui permet de les contester ou de les rapporter à tout moment, même lorsque le délai de recours est écoulé. (CE Ass. 10 février 1961, C…, n°49300, p. 102).*
L'acte inexistant peut être déféré au juge de l'excès de pouvoir à tout moment, sans condition de délai. Il peut être retiré à tout moment et ne peut créer de droits. Enfin, le juge soulève d'office l'inexistence de l'acte (5 mai 1971, Préfet de Paris et ministre de l'intérieur, p. 329) ».

gouvernement de fait. Fait et droit entretiennent ici une relation tumultueuse, le fait entendu comme quelque chose d'illégal parce qu'ignorant le droit ; le droit n'étant pas soluble dans ce qui le rejette. Le fait en l'espèce résultant d'un ou d'une poignée d'individus, le droit provenant de la majorité, du peuple, celui-ci dispose in fine du pouvoir d'enrayer le fait illégal, le coup d'État. Puisque le coup d'État est l'œuvre d'un individu ou d'un groupe d'individus qui méconnaissent le droit, le peuple souverain a le dernier mot[230]. Le peuple souverain, à condition de se soulever, à travers une *révolution*, peut s'opposer aux auteurs d'un coup d'État et rétablir la légalité, le gouvernement légitime et légal destitué par les comploteurs. Cette révolte peut émaner également de la communauté internationale telle que l'Union Africaine, qui a adopté le principe du refus de toute accession violente au pouvoir au sein de l'un quelconque de ses États membres.

Dans les deux hypothèses, et sur le plan juridique, le soulèvement contre les putschistes se justifie au regard des règles constitutionnelles de l'État et des principes démocratiques communément admis par l'ensemble des États membres de la communauté internationale. Ce n'est qu'ainsi que le gouvernement de droit peut reprendre vie. Autrement, en l'absence du soulèvement populaire ou d'une intervention de la communauté internationale, comme on le développera plus loin, le gouvernement de fait

---

[230] Ici, et sur le plan interne, seul le peuple souverain peut se soulever pour repousser les auteurs d'un coup d'Etat, puisque les dirigeants politiques choisis par ce même peuple, sont systématiquement neutralisés, arrêtés ou pourchassés par les auteurs du coup.

perdurera et petit à petit trouvera un moyen de se transformer en gouvernement de droit, comme nous le verrons aussi.

En Centrafrique, c'est justement ce qui s'est toujours produit depuis les nombreux coups d'État. Jamais le peuple centrafricain ne s'est soulevé pour s'opposer aux usurpateurs du pouvoir afin de réclamer le rétablissement immédiat de l'ordre constitutionnel. Tout au contraire, quand le peuple descend dans la rue, c'est plutôt pour acclamer les autoproclamés, avant de déchanter très rapidement ou un peu plus tard. Aujourd'hui, il est même inscrit dans le subconscient centrafricain qu'en cas de coup d'État, on reconnait et laisse s'installer les putschistes, à qui on se remet pour rétablir l'ordre constitutionnel par l'organisation des élections, après une période de transition. Cette habitude, cet état d'esprit collectif prédominant ne constitue malheureusement pas un fait dissuasif pour de potentiels conjurés ou conspirateurs, car ces derniers savent déjà que s'ils passent un jour à l'acte, ils seront à leur tour acceptés par le peuple jusqu'à l'organisation des élections.

B. La reconstruction de l'ordre juridique et d'un nouvel ordre politico-institutionnel

La reconstruction de l'ordre juridique, politique et institutionnel peut-elle être le fait d'un gouvernement de fait ?[231] Les auteurs des coups d'État en Centrafrique

---

[231] Comme le dit Emmanuel Cherrier, c'est un gouvernement de fait qui s'installe après un coup d'Etat : « *Le coup d'Etat ayant entrainé la*

prennent toujours le soin de reconstruire l'ordre juridique étatique et les institutions politiques. Cependant, on observe que la manière de procéder n'est pas la même pour tous les auteurs des coups. Certains, une fois autoproclamés, agissent comme s'ils étaient élus ; en revanche, d'autres instaurent une période dite de transition politique au cours de laquelle, ils procèdent à la reconstruction de l'ordre juridique et politique.

Avant de rendre concrètement compte du procédé de la reconstitution de l'ordre juridique à la suite des coups d'Etats en Centrafrique, une question liée à la notion de pouvoir constituant se pose ; elle consiste à savoir si les autorités issues d'un coup d'État disposent de la qualité nécessaire pour doter l'État d'un nouvel ordre juridique, d'une nouvelle Constitution. En effet, de même que nous avons dénié précédemment aux putschistes toute compétence pour dissoudre les institutions républicaines, de même il leur est dénié la capacité d'établir de nouvelles institutions. Ils ne peuvent se prévaloir d'un quelconque pouvoir constituant au sens juridique du terme, car avec ce genre de changement, « *il n'y a plus, ni principes juridiques, ni règles constitutionnelles : on ne se trouve plus ici sur le terrain du droit, mais en présence de la force. Le pouvoir constituant tombera aux mains du plus fort* »[232].

---

disparition des organes constitutionnels, il n'y a plus d'autres représentants que ceux qui ont pris le pouvoir et forment un gouvernement de fait » : CHERRIER Emmanuel, 18 brumaire et le 2 décembre : d'un coup d'Etat à l'autre : éléments pour une étude du coup d'Etat, Thèse de Doctorat de Science Politique, Lille 2, 1999, p. 892.

[232] CARRE DE MALBERG Raymond, Contribution à la théorie générale de l'Etat, Paris, Dalloz, 1920, réédition de 2003, p. 496.

Par conséquent, il est certain que la constitution nouvelle que peuvent vouloir établir les putschistes ne s'appuiera pas sur sa devancière[233]. Le point de vue de Carré de Malberg est partagé par Georges Burdeau[234]. D'après Olivier Beaud, et à la différence de Georges Burdeau, Hans Kelsen perçoit, quant à lui, le pouvoir constituant comme une notion juridique[235].

---

[233] CARRE DE MALBERG Raymond, op. cit., p. 497 : la constitution que veulent établir les nouveaux hommes forts du pays « *ne sera point confectionnée selon la procédure, le mode constituant et les formes, qui avaient été prévus et prescrits par sa devancière. Celle-ci ayant été radicalement détruite par l'effet même du coup d'Etat ou de la révolution, il ne reste plus rien d'elle ; et par suite elle ne peut plus fournir d'organes pour la confection de la Constitution future. Le peuple n'a plus de « représentants » réguliers. Ainsi, entre la Constitution ancienne, dont il a été fait table rase, et la Constitution nouvelle, qui reste à faire de toutes pièces, il n'existe pas de lien juridique ; mais il y'a au contraire, entre elles une solution de continuité, un interrègne constitutionnel, un intervalle de crise, durant lequel la puissance constituante de la nation n'aura d'autres organes que les personnages ou corps, qui, à la faveur des circonstances, seront parvenus à mettre la main sur elle. En somme la question du pouvoir constituant se présente ici dans les mêmes termes qu'à l'époque de la formation originaire de l'Etat : elle se ramène à une question de fait et cesse d'être une question de droit* ».

[234] BURDEAU Georges, Essai d'une théorie de la révision des lois constitutionnelles en droit français, Thèse, Macon, 1930, p. 15 : « *En réalité le juriste ne devrait parler que du pouvoir de révision et jamais du pouvoir constituant car le pouvoir constituant à proprement dit, celui qui établit la première constitution n'est que du fait* ».

[235] BEAUD Olivier, La puissance de l'Etat, Paris, PUF, 1994, p. 243 : « *Les deux grands constitutionnalistes de ce siècle, pourtant si opposés dans leur doctrine, appréhendent la constitution comme un acte juridique (un acte de pensée et un acte de volonté) et qu'ils excluent le contrat social de l'analyse juridique. De ce point de vue, la présente requête centrée sur l'acte constituant est conforme à la méthode de réduction du principe politique au droit* ».

Ainsi, il ne fait point de doute que, d'un point de vue juridique formel, tous les actes posés par les autorités illégitimes issues d'un coup de force, qu'il s'agisse d'actes de dissolution, de reconstruction institutionnelle, ou d'établissement d'un nouvel ordre constitutionnel, sont considérés comme nuls et non avenus sur le plan juridique, car contraires à l'ordre juridique qui existait jusqu'au moment de leur coup. Leur portée est strictement politique.

Cependant, on peut considérer que la validité des actes précités, y compris l'établissement d'une nouvelle Constitution, pourrait finalement intervenir implicitement, à la faveur d'un silence ou d'une absence de réaction subversive du peuple en tant que souverain, et unique pouvoir constituant originaire et dérivé. En cas de coup d'État, lorsque les autorités légitimes et légales sont neutralisées par les conjurés, rien n'est perdu. Le peuple souverain dispose toujours de la faculté de se soulever majoritairement afin de neutraliser à son tour les comploteurs, de rétablir la légalité, c'est-à-dire les institutions dissoutes et les autorités légitimes. Mais si rien n'est fait par le peuple, l'illégalité cessera d'exister ; l'absence de soulèvement du peuple souverain contre les usurpateurs du pouvoir pourrait être interprétée comme une adhésion populaire au changement politique brusque, ce qui aura pour effet, de facto, de transformer l'illégalité en la légalité. Les autorités illégitimes deviendraient ainsi alors légitimes. Donc tous les actes posés par elles deviendraient légaux et valides sur le plan juridique. C'est ce qui se produit à chaque coup d'État en Centrafrique. L'illégalité née des coups d'Etats s'estompe, au bout d'un certain temps, faute de soulèvement populaire réclamant le rétablissement immédiat de l'ordre détruit. Le gouvernement de fait devient un gouvernement de droit. Cette position est partagée par Maurice Hauriou : « *Les pouvoirs de droit ou gouvernement de droit. Ce sont ceux qui ont été légitimés par l'acceptation des sujets et par l'obligation de sujétion que ceux-ci ont contracté envers eux. Cette obligation de sujétion résulte parfois de serments de fidélité formellement exprimés, mais el plus souvent, elle s'établit par un consentement coutumier implicite et elle doit être présumée après une certaine durée du gouvernement, surtout lorsque cette durée s'est accomplie en paix et que le gouvernement a été transmis par le chef primitif à des successeurs sans protestation ni trouble* »[236].

---

[236] HAURIOU Maurice, Précis élémentaire de droit constitutionnel, p. 10 : auteur cité par MOCK Mélody, op . cit., p. 381.
Le constitutionnaliste définit d'abord les gouvernements de fait « *comme ceux qui se sont emparés des pouvoirs dans un pays par conquête ou par révolution et qui n'ont pas encore été acceptés par les sujets. S'emparer du pouvoir signifie s'emparer des installations où siégeait le gouvernement précédent et se mettre à commander aux agents d'exécution comme le faisait le gouvernement précédent* » (p. 11) ; l'éminent juriste poursuit en disant que « *les pouvoirs de fait ou les gouvernements de fait peuvent devenir des pouvoirs de droit par une sorte de légitimation, lorsqu'en fait ils sont consolidés et ont duré un certain temps, à une double condition : 1° ils ne doivent pas être basés sur des principes foncièrement immoraux ni antisociaux ; 2° ils doivent avoir été reconnus, c'et à dire acceptés tant par leurs propres sujets que par les puissances étrangères. L'acceptation des sujets se produit de façon coutumière, mais elle est accélérée lorsque les corps de l'Etat et les diverses institutions privées sont entrées en relation régulière avec le gouvernement. Quant à la reconnaissance par les puissances étrangères, elle se produit par l'échange des ambassadeurs ou chargés d'affaires accrédités de part et d'autre* », voir pp.10-12.

Cette mise au point théorique utile étant posée, il reste à s'enquérir plus concrètement de la question de savoir comment s'opère la reconstruction de l'ordre étatique en Centrafrique suite aux multiples coups d'État. On constate qu'après les coups d'État, la reconstruction de l'ordre juridique et institutionnel se fait toujours en deux temps, d'abord d'une manière immédiate et provisoire, et ensuite de façon durable.

En général, les autorités issues d'un coup d'État commencent, immédiatement, la reconstruction institutionnelle après leur coup. Si un Acte Constitutionnel N° 1 est toujours pris pour abroger la Constitution en vigueur, l'Acte Constitutionnel 2 est pratiquement pris au même moment. David Dacko, après son retour au pouvoir le 20 septembre, prend l'Acte Constitutionnel N° 2 le 21 septembre[237]. Le général André Kolingba imite en ce sens David Dacko, puisque dès le 1er septembre 1981, date de son coup d'État, il prend également l'Acte Constitutionnel N°2. On observe la même chose après l'arrivée du Général François Bozizé au pouvoir le 15 mars 2003, date à laquelle, un Acte Constitutionnel N°2 est promulgué.

Mais il existe cependant des cas où l'Acte Constitutionnel N° 2 est pris avec quelques jours de retard. Jean-Bedel Bokassa ne promulgue l'Acte Constitutionnel N° 2 que 8 jours plus tard après son coup d'État de la Saint-

---

[237] BRETON Jean-Marie, « *L'Acte Constitutionnel du 21 septembre 1979 portant organisation provisoire des pouvoirs publics en République Centrafricaine* », Revue Juridique et Politique-indépendance et coopération, Paris : Idiena, N°2, avril-juin 1980, pp. 555 à 563

Sylvestre, c'est-à-dire le 08 janvier 1966[238]. De même, après le coup d'État du 24 mars 2013, Michel Djotodia a mis deux jours pour rendre public l'Acte Constitutionnel N° 2, le 26 mars 2013.

Cependant si le caractère provisoire de tout Acte Constitutionnel N° 2 est le principe en théorie, la pratique peut se révéler parfois contraire, une nouvelle Constitution pouvant tarder à être établie. C'est le cas de l'Acte Constitutionnel N° 2 du 8 janvier 1966 pris par Jean Bedel Bokassa pour fixer l'organisation provisoire des pouvoirs de la République, mais qui « *va durer onze ans, jusqu'à la Constitution impériale du 4 décembre 1976* »[239]. Après le retour de David Dacko au pouvoir à la faveur de « *l'opération Barracuda* » du 20 septembre, l'Acte Constitutionnel N° 2 du 21 septembre 1979 durera seize mois, c'est-à-dire jusqu'à la promulgation d'une nouvelle Constitution, celle du 05 février 1981, adoptée auparavant quatre jours avant, le 1er février. Suite au coup d'État du 1er septembre 1981 du général André Kolingba, le second acte qui fixe l'organisation provisoire des pouvoirs publics durera quatre ans ; au lieu d'établir une nouvelle Constitution, André Kolingba prendra encore deux Actes Constitutionnels le 21 septembre 1985. Tandis que l'Acte Constitutionnel N° 1 dissout le Comité Militaire de Redressement National et institue la fonction de président de la République, chef de l'État et du gouvernement, l'Acte

[238] COULON C. et LAPORTE P. Y., « *Centrafrique* », in Année Africaine, C.H.E.A.M., C.E.R.I., C.E.A.N., pp. 178-197.
[239] RAYNAL Jean-Jacques, op. cit., p. 804.

Constitutionnel N° 2 fixe l'organisation provisoire des pouvoirs publics[240]. Il faut alors attendre le 21 novembre 1986 pour qu'une nouvelle Constitution soit adoptée à l'issue d'un référendum, et promulguée ensuite le 28 novembre 1986. On dénombre ainsi en tout quatre Actes Constitutionnels pris par le général André Kolingba après son coup d'État. Enfin, dans la foulée de son coup d'État, l'Acte Constitutionnel N° 2 que promulgue le général François Bozizé le 15 mars 2003 s'appliquera pendant 19 mois aux pouvoirs publics. C'est le 27 décembre 2004 qu'une nouvelle Constitution sera promulguée.

On peut retenir de l'Acte Constitutionnel N° 2 fixant l'organisation provisoire des pouvoirs publics, une certaine volonté, de la part des auteurs de coups d'État, de ne pas créer de vide juridique, institutionnel et politique. Si l'Acte Constitutionnel N° 1 constate la disparition de l'ordre désormais ancien, l'Acte Constitutionnel N° 2 marque le début d'un passage, d'une transition vers un ordre étatique futur. En même temps qu'il organise les pouvoirs publics, l'Acte Constitutionnel N° 2 joue ainsi un autre rôle, un rôle précurseur. Il rassure le peuple quant à la volonté des putschistes d'effectuer le retour à l'ordre constitutionnel détruit par eux. Plus concrètement, « *l'organisation des pouvoirs publics* » consiste en réalité à définir la répartition des compétences entre les pouvoirs exécutif, législatif et

---

[240] BOIS DE GAUDUSSON Jean (du), Conac Gérard et Desouches Christine, Les constitutions africaines publiées en langue Française, Paris, la Documentation Française, 1998, p. 183.

judiciaire[241]. L'un des objectifs recherchés par les putschistes à travers l'Acte Constitutionnel N°2 est également de rassurer les membres de la communauté internationale sur leur bonne foi, s'agissant de l'application des accords internationaux, traités et conventions : « *Les accords, traités et conventions régulièrement ratifiés ont une force supérieure à celle des ordonnances, sous réserve pour chacun d'eux de son application par l'autre partie. Le Président de la République ratifie en Conseil des Ministres les traités, accords et conventions* »[242].

Après le coup d'État du 24 mars 2013, il convient de faire remarquer que pour la première fois, l'Acte Constitutionnel N° 2 du 26 mars 2013 a été abrogé au profit d'un autre acte plus consistant sur le plan juridique : la *Charte Constitutionnelle de Transition* promulguée le 18 juin 2013. Certes, cet acte nouveau poursuit le même but de l'organisation provisoire des pouvoirs publics. Cependant, son caractère novateur provient de deux éléments : en premier lieu, et contrairement à l'Acte Constitutionnel N° 2 classique, la Charte Constitutionnelle de Transition a été rédigée par une Commission du Conseil National de Transition, amendée et votée par cet organe le 05 juin 2013,

---

[241] BRETON Jean-Marie, « *L'Acte Constitutionnel du 21 septembre 1979 portant organisation provisoire des pouvoirs publics en République Centrafricaine* », Revue Juridique et Politique-indépendance et coopération, Paris : Idiena, N°2, avril-juin 1980, pp. 555 à 563 ; COULON C. et LAPORTE P. Y., « *Centrafrique* », in Année Africaine, C.H.E.A.M., C.E.R.I., C.E.A.N., p. 195 et s.

[242] Voir articles 7 et 8 de l'Acte Constitutionnel N° 2 du 8 janvier 1966, in COULON C. et LAPORTE P. Y., « *Centrafrique* », in Année Africaine, C.H.E.A.M., C.E.R.I., C.E.A.N., p. 196.

avant d'être promulguée par le Chef de l'État de Transition Michel Djotodia le 18 juillet 2013.

D'un point de vue juridique, et comme pour les Actes Constitutionnels relevant de la seule volonté du Président autoproclamé et de ses proches, l'élaboration de la Charte Constitutionnelle de Transition du 18 juillet 2013 ne présente pas non plus un caractère démocratique, même si le premier Considérant du Préambule de la Charte indique que ce sont les « *Représentants des forces vives de la nation réunis au sein du Conseil National de Transition* » qui ont adopté cet acte[243]. Comme argumenté précédemment à propos de la désignation de Michel Djotodia et Catherine Samba-Panza, les représentants des différentes entités composant le Conseil National de Transition n'ont pas été mandatés de quelque manière par le peuple souverain pour agir en son nom.

En second lieu, la Charte Constitutionnelle de Transition ressemble à une vraie Constitution de par l'immensité des questions qu'elle réglemente. La Charte comporte un Préambule affirmant l'opposition des « *constituants* » à « *la conquête du pouvoir par la force et à toute forme de dictature et d'oppression, ainsi qu'à tout acte de division et de haine...leur ferme volonté de coopérer dans la paix et l'amitié avec tous les États,...* ». La Charte Constitutionnelle comporte douze Titres et cent huit articles. Le pouvoir exécutif est composé du « *Chef de l'État de la Transition* » élu par le Conseil National de

[243] Voir le 1er Considérant du Préambule de la Charte Constitutionnelle de Transition du 18 juin 2013.

Transition pour la durée de la Transition et du « *Premier Ministre, Chef du Gouvernement de Transition* »[244]. Fait nouveau, le Chef de l'État de la Transition prête serment devant la Cour Constitutionnelle de Transition avant son entrée en fonction[245]. Quant au Premier Ministre de la Transition, le Chef de l'État de la Transition entérine sa désignation, conformément à l'Accord Politique de Libreville du 11 janvier 2013 ; les ministres, quant à eux sont nommés par le Chef de l'État de la Transition, sur proposition du Premier Ministre, Chef du Gouvernement de la Transition[246]. Le Titre IV[247] attribue le pouvoir législatif et constituant au Conseil National de Transition, composé de 135 membres et représentant les différentes catégories politiques et socioprofessionnelles du pays. Chaque membre de cet organe législatif porte le titre de « Conseiller National » et est considéré comme « *Représentant de la Nation* ». Le titre VII est consacré au « *Pouvoir Judiciaire* » dont l'indépendance vis-à-vis des pouvoirs exécutif et législatif est affirmée[248].

La Charte Constitutionnelle de Transition du 18 juin 2013 a tout l'air d'une Constitution ordinaire de par son

---

[244] Article 22 de la Charte Constitutionnelle de Transition du 18 juin 2013.

[245] Article 24 de la Charte Constitutionnelle de Transition du 18 juin 2013.

[246] Article 29 de la Charte Constitutionnelle de Transition du 18 juin 2013.

[247] Articles 49, 50 et suivants de la Charte Constitutionnelle de Transition du 18 juin 2013

[248] Article 85 de la Charte Constitutionnelle de Transition du 18 juin 2013.

contenu ; néanmoins, dès que l'on constate que cette Charte a été adoptée non pas par le peuple par voie référendaire, mais plutôt par un agrégat d'organisations et de partis politiques, on est vite renvoyé à la période exceptionnelle générée de facto par le coup d'État. A ce stade, l'Acte Constitutionnel fixant l'organisation provisoire des pouvoirs publics, ou la Charte Constitutionnelle de Transition, constitue une simple manifestation de la volonté des nouvelles autorités de procéder à la reconstruction de l'ordre étatique. Pour que cette idée prenne forme et se matérialise, les institutions indiquées dans l'Acte Constitutionnel doivent être mises en place. Après chaque coup d'État, le Président autoproclamé nomme assez rapidement un Premier Ministre[249], et constitue un gouvernement. Une fois le gouvernement constitué, l'État

[249] C'est ainsi qu'après le coup d'Etat du 24 mars, 2013, Michel Djotodia a confirmé Nicolas Tiangaye au poste de Premier Ministre le 27 mars 2013. A préciser que Michel Djotodia était lié par l'accord politique de Libreville du 11 janvier 2013 en son article 4 qui imposaient un Premier Ministre issu de l'opposition : « *Le Gouvernement d'Union Nationale est dirigé par un Premier Ministre, Chef du Gouvernement, issu de l'opposition* ».

Autoproclamé Président de la République le 15 mars 2003, le général François Bozizé désignera Abel Goumba Premier Ministre le 23 mars 2003.

Après le coup d'Etat de Jean-Bedel Bokassa le 31 décembre 1965, le poste de Premier Ministre n'existant pas encore, et tout comme son prédécesseur David Dacko, le colonel Bokassa s'autoproclama Président de la République, Président du Gouvernement. Après le coup d'Etat du 1er septembre 1981, André Kolingba supprimera le poste de Premier Ministre pour créer le Comité Militaire de Redressement National (CMRN), organe qu'il dirigera lui-même.

se remet à fonctionner. Il en est de même des différents services publics.

Parallèlement à la mise en place d'un gouvernement, on note que, depuis la période post démocratisation du Centrafrique (1993), les autorités issues d'un coup d'État instaurent systématiquement un organe législatif de Transition dénommé *Conseil Supérieur de la Transition ou Conseil National de Transition.* Cela s'est vérifié à l'occasion des coups d'État du général François Bozizé du 15 mars 2003 et de Michel Djotodia du 24 mars 2013. Le Conseil National de Transition sera dirigé en 2003 par Nicolas Tiangaye, et en 2013 par Ferdinand Alexandre Nguendet. Tout au contraire, les présidents autoproclamés Jean-Bedel Bokassa (31 décembre 1965), David Dacko (20 septembre 1979) n'avaient pas institué un tel organe suite à leurs coups. Le général André Kolingba lui non plus n'instaure pas, dans la foulée de son coup du 1er septembre 1981, un organe législatif provisoire ; il attendra six ans pour ré-instituer plutôt le parlement centrafricain, en 1987. L'organe législatif provisoire instauré par les putschistes se veut représentatif des différentes couches de la société centrafricaine. On y retrouve la société civile, les partis politiques, les confessions religieuses, les représentants du groupe des auteurs du coup d'État, ainsi que les représentants des différents corps constitués de l'État. Cet organe a pour rôle de voter les lois durant la transition politique, de préparer et d'adopter le projet de la nouvelle Constitution à soumettre par référendum au peuple centrafricain.

Pour parachever l'œuvre de la reconstruction de l'ordre étatique, juridique, politique et institutionnel de l'État, une *Cour Constitutionnelle de Transition* est souvent instituée, du moins suite aux coups d'État intervenus après l'avènement de la démocratie en Centrafrique : coups d'État du 15 mars 2003 et 24 mars 2013. Cette institution a pour but de vérifier la conformité des lois votées durant la transition, de valider le résultat des élections présidentielle et législative sanctionnant la fin de la transition politique ouverte par le coup d'État, et enfin de recevoir la prestation de serment du nouveau Président élu. L'élection présidentielle et l'élection législative marquent généralement la fin de toute transition politique instaurée dans le pays, suite à un coup d'État.

Mais la construction d'un nouvel ordre juridique, politique et institutionnel qu'entreprennent les auteurs d'un coup d'État comporte *ab initio* des inquiétudes et des incertitudes. Si certains coups d'État en Centrafrique ont abouti à la mise en place d'institutions se réclamant de la démocratie, comme la constitution du 27 décembre 2004 adoptée après le coup d'État du général François Bozizé du 15 mars 2003, il n'est pas exclu, en revanche, que d'autres auteurs de coups d'État instaurent des régimes politiques aux antipodes de la démocratie, et des attentes du peuple. Lorsque le colonel Jean-Bedel Bokassa prend le pouvoir le 31 janvier 1965, il affiche clairement sa boulimie du pouvoir et sa vision autocratique de l'État. Non seulement il ne fait nullement référence à la forme républicaine de l'État qui était en vigueur du temps de David Dacko, mais il s'octroie par ailleurs à lui seul la totalité du pouvoir exécutif et législatif[250]. C'est donc sans surprise que Jean-Bedel Bokassa promulguera la Constitution du 4 décembre 1977 établissant le pire des régimes contemporains, l'Empire. Il faut attendre le retour au pouvoir de David Dacko le 20 septembre 1979, pour que la forme républicaine de l'État soit rétablie. Aussi, le général André Kolingba, personnalisera le pouvoir, même si dans les différents textes constitutionnels, le principe de la République est affirmé. Tous les régimes établis en Centrafrique suite à des coups d'État n'ont été des Républiques que de nom.

Même si, comme on l'a vu, les auteurs de coups d'État en Centrafrique entreprennent toujours la reconstruction de l'ordre juridique, politique, et institutionnel, il n'en demeure pas moins vrai que leurs coups, leur prise de pouvoir par la violence laissent absolument des traces quant à la cohésion sociale et à la souveraineté étatique.

II. LA DESTABILISATION DE L'ÉTAT

Il convient d'étudier d'abord les conséquences sociales des coups d'État en Centrafrique (A) avant d'aborder la fragilisation de la stabilité de l'État (B).

---

[250] Voir les huit premiers articles de l'Acte Constitutionnel du 08 janvier 1966.

A. Les atteintes à la cohésion sociale

L'impact social des coups d'État en Centrafrique est multiforme. Le coup d'État fait évoluer négativement la situation sécuritaire en Centrafrique. S'il est raté, le coup d'État peut être suivi d'une action judiciaire à l'endroit des conspirateurs et de leurs complices. Enfin le coup d'État réussi ou manqué crée et alimente la haine ethnique en Centrafrique.

En premier lieu, sur le plan sécuritaire, on peut observer, parfois, une évolution négative de la situation sécuritaire après une prise du pouvoir par les armes. Comme l'a fait remarquer le 28 mars 2013 Martin Ziguélé, Président du Mouvement de Libération du Peuple Centrafricain (MLPC), le Centrafrique s'est enlisé dans « *une crise binaire d'abord sécuritaire et humanitaire, généralisée et aigue* »[251], après l'arrivée violente de Michel Djotodia au pouvoir ; ce déficit sécuritaire a complètement plongé la population dans *« la peur »*[252]. Cette insécurité provient de « *l'arrestation sommaire et détention illégale, tortures et l'extorsion de biens, le vol à main armée, la violence physique y compris la violence sexuelle, le viol et tentative de viol, l'enlèvement, la restriction de mouvement,*

---

[251] Discours prononcé par Martin ZIGUELE à l'occasion de la Rentrée Politique du MLPC à Paris le 28 septembre 2013.

[252] BOLTANSKI Christophe, « *Bangui, ville de la peur* », op.cit., pp. 58-62.

pillages et attaques ciblés contre la population civile »[253] ainsi que des règlements de comptes. La crise humanitaire présente, elle, plusieurs visages : problème nutritionnel, ainsi qu'un inquiétant dysfonctionnement dans le domaine de la santé et de l'éducation[254]. Un rapport du Secrétaire Général des Nations-Unies, Ban Ki-moon, publié le 20 août 2013, c'est-à-dire quatre (4) mois après le coup de Michel Djotodia, pointe également du doigt une « *crise humanitaire et sécuritaire complexe et de grande ampleur, exacerbée par le coup d'État de mars 2013* »[255]. Le coup d'État du général François Bozizé du 15 mars 2003 avait également alimenté l'insécurité dans le pays du fait des pillages, exactions diverses, exécutions sommaires,

---

[253] OCHA (Bureau de Coordination des Affaires Humanitaires des Nations-Unies), Rapport de situation N° 21 sur la République Centrafricaine, 21 juin 2013, p. 1.

[254] Ibidem, pp. 1-4.

[255] SEBIRO Maurice, « *La situation sécuritaire et humanitaire demeure grave* », in journal électronique www.centrafriquelibre.info, 22 août 2013 : « *Selon un récent rapport du secrétaire général des Nations Unies, Ban Ki-moon, les violations des droits de l'homme sont de plus en plus courantes. C'est le cas notamment des arrestations et détentions arbitraires, des violences sexuelles envers des femmes et des enfants, des actes de torture, des viols, des assassinats ciblés, des recrutements d'enfants soldats et des attentats...La crise touche tous les moyens de subsistance. Parmi les plus affectés figurent les agriculteurs, qui sont confrontés au pillage, à un accès limité à leurs champs et à la rareté des semences et autres intrants. Les éleveurs ont également beaucoup souffert du vol de bétail, de la réduction de leurs troupeaux et de l'absence d'entrepôts frigorifiques. Les possibilités d'emploi pour les journaliers se sont épuisées, de nombreux fonctionnaires ne sont plus payés ou ont été déplacés, les prix des produits agricoles et miniers ont chuté et les secteurs du commerce de gros et de détail ont tous deux pâti de la récession économique générale* ».

extorsions de biens, viols et vols dont s'étaient particulièrement illustrés ses hommes appelés « *libérateurs* ». Le coup d'État « fantoche » du 03 mars 1982 attribué aux généraux Mbaïkoua et Bozizé, les trois tentatives manquées qu'ont été les trois mutineries à répétition des années 1996-1997, ainsi que le coup d'État manqué du 28 mai 2001 du général Kolingba avaient aussi installé l'insécurité sur toute l'étendue du territoire. Il faut tout de même reconnaître que certains coups manqués ou réussis n'ont pas d'impact sur la libre circulation des biens et des personnes, sur la tranquillité ou l'intégrité physique des citoyens.

En deuxième lieu, les auteurs des coups d'État manqués s'exposent toujours à des représailles de deux ordres. Premièrement, après le coup manqué, ils sont immédiatement poursuivis et pourchassés par le régime en place, plus précisément par l'armée et la garde présidentielle. Parfois, on peut observer que ces représailles sont en outre dirigées contre des personnes réputées proches, ayant un lien familial ou ethnique avec les conjurés. Ce fut le cas, par exemple, avec le coup d'État du 28 mai 2001 du général André Kolingba, après lequel il a été évoqué une certaine « *chasse aux Yakoma* » voire même un certain « *génocide des Yakoma* »[256]. De même, les trois

---

[256] PORGES Laurence, « *Le coup d'Etat manqué de mai 2001 au Centrafrique : un évènement presque ignoré* », in Afrique Contemporaine, 2001, N° 200, pp. 34-49 : dès le 28 mai, les Forces Armées centrafricaines (FACA) déclenchent la poursuite des putschistes (des tirs à l'arme lourde, ratissage des quartiers habités majoritairement par les Yakoma. S'ensuit la fuite des populations, traversant massivement le fleuve Oubangui.

tentatives de putsch[257] contre Jean-Bedel Bokassa ont donné lieu à des représailles de la part de Bokassa caractérisées par des arrestations, emprisonnements et assassinats. En outre, le coup d'État manqué fantoche du 03 mars 1982 avait entraîné la persécution des proches des généraux Mbaïkoua et Bozizé, ainsi que d'Ange Félix Patassé. Malgré l'exil politique de ces prétendus auteurs du coup du 03 mars 1982 en France et au Bénin, les relations du général André Kolingba avec les ressortissants du nord, région des trois principaux accusés, vont se révéler très difficiles comme l'affirme Auguste Ténè-Koyzoa[258]. La nature et l'intensité des relations entre l'ethnie Yakoma et les ethnies du nord ont été largement compromises. Enfin, il n'y a pas que le coup d'État manqué qui a des répercussions sociales ; le coup d'État réussi laisse aussi des traces sur le plan social en ce qu'il crée, alimente ou exacerbe les clivages ethniques. En effet, le pouvoir étant souvent géré par un individu essentiellement entouré de sa famille, de son clan et de son ethnie, lorsque survient un coup d'État, c'est la même chose qui se reproduit au sommet de l'État. Et comme le disait Nicolas Machiavel[259], le nouveau régime a pour ennemis tous ceux que l'ancien régime favorisait. La perte de privilèges engendre la haine de la part des anciens privilégiés envers les nouveaux

---

[257] Les tentatives de putsch du colonel Alexandre Banza en avril 1968, du colonel Auguste Mbongo et du Commandant Fidèle Obrou du 3 février 1976.

[258] TENE-KOYZOA Auguste, op. cit., p. 197.

[259] MACHIAVEL Nicolas, Le prince, Chapitre III « *Des principautés héréditaires* ».

privilégiés[260]. Au final coup d'État et cohésion sociale s'excluent mutuellement.

En troisième lieu, les auteurs de coups d'État manqué et leurs complices sont souvent rayés du contrôle des forces de défense et de sécurité et de la fonction publique pour leurs complices. Un exemple est offert le coup d'État manqué ou fantoche du 03 mars 1982. Par le Décret N°82/140 du 05 mars1982 signé du Président André Kolingba[261], le Général de Brigade Alphonse Mbaïkoua est cassé de son grade et remis Soldat de 2ème classe. Il est aussi rayé des contrôles des Forces Armées centrafricaines et renvoyé dans ses foyers. Les distinctions et titres honorifiques centrafricains qui lui ont été décernés, lui sont d'office retirés. Il est déchu de tout droit à pension au titre de l'armée centrafricaine. Par le Décret N°82/141 du 05 mars 1982, les mêmes mesures susmentionnées sont prises à l'encontre du co-auteur présumé du putsch manqué, le Général de Brigade François Bozizé[262]. Le Mouvement de Libération du Peuple Centrafricain, parti politique de l'opposant Ange Félix Patassé, considéré comme le bénéficiaire présumé du putsch manqué du 03 mars 1982, est dissout et interdit par le Président André Kolingba, par

260 Après le coup d'Etat de François Bozizé du 15 mars 2003, les anciens dignitaires du régime Patassé sont devenus les ennemis du régime de François Bozizé ; c'est ce qui se reproduira exactement, mais avec une inversion des rôles, lorsque Michel Djotodia prendra le pouvoir le 24 mars 2013.

261 JOURNAL OFFICIEL DE LA REPUBLIQUE CENTRAFRICAINE, mars 1982, p. 159.

262 JOURNAL OFFICIEL DE LA REPUBLIQUE CENTRAFRICAINE, mars 1982, p. 159.

le Décret N°82/164 du 10 mars 1982[263]. Plusieurs officiers, les Capitaines Nicolas Choisi et Joseph Narzim, ainsi que les Aspirants Michel Ngoni et Marc Gbenengaïna sont sanctionnés de la même manière que les généraux Mbaïkoua et Bozizé[264]. Le Colonel Victor Dimbo de la Gendarmerie Nationale (Décret N°82/176 du 25 mars 1982), le capitaine Bernard Dalemet et le Lieutenant Ferdinand Bombayeke (Décret N°82/179 du 25 mars 1982) sont cassés de leur grade, remis soldats de 2ème classe, rayés des contrôles de l'armée et renvoyés dans leurs foyers pour complicité d'atteinte à la sécurité intérieure de l'État[265].

En quatrième et dernier lieu, les auteurs de tentatives ratées de putschs s'exposent parfois à des poursuites judiciaires. Après le coup d'État manqué du 28 mai 2001, et dès le 1er juin, une procédure judiciaire est lancée contre les conjurés ; sept chefs d'accusation dont « *tentative de coup d'État* » sont retenus[266]. Le 04 juin, la tête du général André Kolingba est mise à prix, et une récompense de 25

---

263 JOURNAL OFFICIEL DE LA REPUBLIQUE CENTRAFRICAINE, mars 1982, p. 169.

264 JOURNAL OFFICIEL DE LA REPUBLIQUE CENTRAFRICAINE, mars 1982, p. 170.

265 JOURNAL OFFICIEL DE LA REPUBLIQUE CENTRAFRICAINE, mars 1982, p. 171.

266 PORGES Laurence, op. cit., pp. 35-36 : « *Le général Kolingba et cinq officiers supérieurs sont rétrogradés au rang de soldats de deuxième classe pour « tentative de coup d'Etat » dans la nuit du 27 au 28 mai 2001 à Bangui, assassinat et complicité d'assassinat, coups et blessures volontaires et complicité de coups et blessures volontaires ». Les autres « motifs » sont : « destruction volontaire des édifices publics et privés, vol à main armée, association de malfaiteurs, évasion et complicité d'évasion* ».

millions de francs CFA (38000 dollars) est promise à quiconque pourrait ramener le général putschiste mort ou vivant[267]. Le 09 juin, une Commission Mixte d'Enquête Judiciaire est créée pour faire la lumière sur la tentative de putsch ; elle est présidée par le Procureur Joseph Bindoumi. Une autre Commission d'Enquête, cette fois ci, parlementaire, voit le jour le 03 juillet 2001. Entre temps, le 20 juin, le Rassemblement Démocratique Centrafricain (RDC), parti du général André Kolingba est suspendu de ses activités pour trois mois, avec à la clé une procédure de dissolution. Dans cette affaire du putsch manqué du 28 mai 2001, le général François Bozizé et Jean-Jacques Demafouth, alors ministre de la Défense nationale avaient également été inculpés par la justice, mais seul le second a été réellement jugé avant d'être ensuite disculpé[268]. Il convient de préciser que « *L'usurpation de la souveraineté nationale par coup d'État ou tout autre moyen constitue un crime imprescriptible contre le peuple centrafricain. Toute personne ou tout État tiers qui accomplirait de tels actes aura déclaré la guerre au peuple centrafricain* »[269].

L'action judiciaire menée à l'endroit des putschistes, est en réalité à l'égard des individus tribaux ou ethniques. Ce qui a pour effet d'alimenter et d'attiser la haine tribale, la rancune tribale, et d'heurter ainsi la cohésion sociale. Or la haine tribale ou la rancune tribale constitue un terreau de

---

[267] PORGES Laurence, op. cit., p. 36.

[268] Le général François Bozizé avait réussi à s'enfuir par le Tchad, après une brève résistance à son arrestation.

[269] Voir Constitutions centrafricaines du 14 janvier 1995 (article 18) et du 27 décembre 2004 (article 19).

conflit. Le coup d'État a ceci de particulier qu'il est la manifestation de la violence non pas seulement à l'égard des détenteurs du pouvoir, mais aussi à celui d'une ethnie ; une violence subie peut appeler la légitime défense ou donner lieu à de la vengeance, or la vengeance entraine dans un cercle vicieux, celui de la violence cyclique. Ainsi est faite la vie politique centrafricaine depuis l'indépendance.

B. Les atteintes à la souveraineté de l'Etat

La thèse de la juridicité du coup d'État réfutée par certains auteurs et défendue ci-haut ressurgit ici. Tout coup d'État, en effet, est attentatoire à la *souveraineté* qui est l'essence même de l'État. Comme on le verra dans les lignes suivantes, les notions de Coup d'État et de souveraineté ont ceci en commun qu'elles s'appliquent toutes deux à la même réalité juridique qu'est l'État, et ceci de particulier qu'elles sont antinomiques. Avant d'analyser ce lien de rejet mutuel entre coup d'État et souveraineté, il paraît utile de préciser le sens de la seconde notion, tant elle est capitale en droit constitutionnel.

Elaborée par Jean Bodin en 1576 (De la République), la souveraineté est le critère juridique de l'État[270]. La notion de souveraineté « *établit une équivalence entre souveraineté et indépendance absolue, dans la perspective romaine de l'imperium ou de la summa potestas, que l'on*

---

[270] BEAUD Olivier, La puissance de l'Etat, Paris, PUF, 1994, p. 10 ; voir aussi PACTET Pierre et MELIN-SOUCRAMANIEN Ferdinand, Droit constitutionnel, 31ème éd., Paris, Sirey, 2012, p. 36.

peut traduire par le pouvoir le plus élevé ou le commandement suprême dans une société. Concept négatif, la souveraineté représente la négation de toute entrave ou subordination (Carré de Malberg) »[271]. Georges Vedel, quant à lui, voyait dans la souveraineté la conséquence du privilège qui est celui de l'État : « *le monopole de la force armée, et, partant, de la contrainte organisée* »[272] ; puis, à l'instar de M. J. Lafferrière, Georges Vedel reconnaissait à la souveraineté « *le caractère attaché à un pouvoir de droit originaire et suprême* »[273].

Selon la doctrine juridique dominante restituée par Olivier Beaud, « *la puissance de l'État ne serait rien d'autre que la souveraineté. Dès lors, puissance publique et souveraineté seraient deux expressions synonymes traduisant la monopolisation du pouvoir politique (du véritable pouvoir), aux mains d'une entité appelée l'État. En d'autres termes, la souveraineté serait consubstantielle à l'État dont elle exprimerait la double nature. D'une part, elle serait une puissance suprême à l'intérieur d'un territoire, ce qui signifie que « les autres personnes » - physiques ou morales – sont soumises à l'autorité de l'État, médiate ou immédiate, en tout cas ultime » ; d'autre part, elle serait une puissance indépendante vis-à-vis des autres puissances étatiques et traduirait l'absence de*

---

[271] GICQUEL Jean et GICQUEL Jean-Eric, Droit Constitutionnel et institutions politiques, 28ème éd., op. cit., p. 61.
[272] VEDEL Georges, Manuel élémentaire de Droit Constitutionnel, réédition présentée par Guy Carcassonne et Olivier Duhamel, Paris, Dalloz, 2002, p. 103.
[273] Ibidem, p. 103.

subordination de l'État vis-à-vis d'un autre État. Par conséquent, la souveraineté spécifie l'État par rapport aux autres entités politiques ou non politiques. Elle est son critère juridique, le signe grâce auquel on reconnaît l'existence d'un État »[274]. De cette conception dominante, on retient la double nature de la souveraineté de l'État qu'on peut sous les vocables *souveraineté dans l'État* et *souveraineté de l'État*. Cette dissociation permet à nos yeux de mieux rendre des atteintes que porte un coup d'État à la souveraineté étatique.

En première analyse, la *souveraineté dans l'État* signifie que seul l'État détient et exerce le pouvoir, le monopole de la force armée et de la contrainte organisée. Or, à la survenance d'un coup d'État, cette puissance publique exclusive de l'État est attaquée et concurrencée par des conspirateurs ; pire elle peut même être accaparée de force par les nouveaux détenteurs du pouvoir si le coup d'État est réussi.

Dans ce qui suit, et plus concrètement, le coup porté à la souveraineté dans l'État se manifeste différemment selon qu'on est en présence d'un coup d'État manqué, ou d'un coup d'État réussi. Dans la première hypothèse, on observe que des pans non négligeables du territoire national et autres symboles du pouvoir tombent momentanément sous l'occupation des putschistes. Dans de telles circonstances, la souveraineté est disputée et partagée entre l'État et les conjurés. L'État n'est plus totalement souverain ou maître lorsque des individus armés lui retirent le contrôle

[274] BEAUD Olivier, La puissance de l'Etat, op. cit, p. 10.

fut-il partiel de son territoire. Ce fut bien le cas lorsque le général François Bozizé tenta sans succès en octobre 2002 de prendre le pouvoir ; les hommes du général venus du nord occupèrent, en plus de leur base arrière, une bonne partie de Bangui, capitale et siège du pouvoir de l'État, avant d'être repoussés par l'armée nationale. Ces actes attentatoires à la souveraineté étatique s'étaient auparavant produits à l'occasion du coup d'État manqué du général André Kolingba le 28 mai 2001, ainsi que lors des mutineries à répétition de 1996 où les auteurs étaient en réalité déterminés à obtenir la démission du Président Ange Félix Patassé. Dans la seconde hypothèse, le commandement de l'armée, de la police, de la gendarmerie, et de l'administration est récupéré, et est exercé par le Président autoproclamé et le *gouvernement de fait* qu'il nomme.

Globalement, on doit souligner au passage que la souveraineté interne de la République centrafricaine a connu des violations répétées du fait de l'occupation de plusieurs portions de son territoire par plusieurs rébellions armées notamment après l'élection présidentielle de 2005, celle très contestée du 23 janvier 2011, sans oublier les rebelles Ougandais de Joseph Kony désormais bien établis dans l'est du pays à la seule différence que ces derniers ne visent pas l'accession au pouvoir.

En seconde analyse, et pour ce qui est de la violation de la *souveraineté de l'État* en cas de coup d'État, on peut considérer deux cas.

Le premier cas tient au fait qu'à l'occasion d'un coup d'État, l'atteinte à la souveraineté étatique est non seulement l'œuvre des conspirateurs nationaux qui désirent prendre le pouvoir, mais aussi et indirectement l'œuvre de tous ceux qui les soutiennent de l'extérieur, soit en servant de base arrière aux conspirateurs, soit en leur fournissant un appui militaire, financier, humain et technique plus ou moins déterminant. Cette analyse s'applique par exemple au coup d'État du 15 mars 2003. En l'espèce, et en plus de l'autoproclamé François Bozizé, le Tchad a contribué à la violation de la souveraineté de l'État centrafricain. Le Président Tchadien Idriss Déby Itno a aidé à la préparation et à l'exécution de ce coup[275]. La violation de la souveraineté centrafricaine par le Tchad est allée croissante, puisque, durant ses dix ans au pouvoir, le Président François Bozizé fut considéré comme un préfet du Tchad, recevant quasiment des ordres du Président Idriss Déby[276] .

---

[275] MBOLI-GOUMBA Crépin, Les voies du possible en Afrique : le cas Centrafricain, Paris, L'Harmattan, 2004, p. 24.
voir aussi TEDGA Jean-Paul, « *Centrafrique : Déby Itno, pyromane et sapeur-pompier* », in Afrique Education, N° 377-378 du 1er au 31 octobre 2013, pp. 18-21 : « *Pour contenir le danger qui viendrait de ce côté, il veut contrôler son président de transition, Michel Am Non Droko Djotodia, comme ce fut le cas pendant les 10 années de François Bozizé, qui arriva, le 15 mars 2003, à Bangui, dans un fourgon blindé de l'armée Tchadienne, alors qu'en marge du Sommet de la Censad, à Niamey, Idriss Déby Itno et Ange Félix Patassé, le président centrafricain de l'époque, fumaient le calumet de la paix, en frères, autour d'un thé vert, sous la tente de celui qui se faisait appeler le Guide : le colonel Kadhafi. Au moment où Déby jouait cette comédie, ses troupes pénétraient dans Bangui « la coquette », à la grande surprise des chefs d'Etat de la sous-région* ».

[276] TEDGA Jean-Paul, op. cit. : « *A partir de ce moment et pendant 10 ans qu'il est resté président du Centrafrique, François Bozizé a toujours pris ses ordres – tous ses ordres – à Ndjamena, chez Idriss Déby Itno. A commencer par l'interdiction d'exploiter le pétrole*

Le Centrafrique fut même considéré par des Tchadiens comme « *la 24ème province du Tchad* »[277]. Le 24 mars 2013, Président Idriss Déby récidive, en installant Michel Djotodia, le 24 mars 2013, à la place de François Bozizé, comme ce dernier l'affirme : « *...ce n'est plus la Séléka, mais ce sont des éléments tchadiens qui vont en direction de Bangui* »[278].

Le second cas de remise en cause de la *souveraineté de l'État* ou de l'indépendance de l'État centrafricain vis-à-vis des autres sujets de droit international, résulte aussi de l'intervention multiforme de tiers, sous-région d'Afrique Centrale, et de façon plus générale, la communauté internationale. Cette question de souveraineté de l'État se pose par exemple lorsqu'en cas de survenance d'un coup d'État, l'armée Française, intervient systématiquement à Bangui, pour regrouper, protéger et évacuer ses ressortissants et parfois aussi les ressortissants occidentaux. Ces opérations conduisent l'armée Française à prendre le contrôle total de l'aéroport de Bangui M'Poko alors que cet acte constitue un attribut de la souveraineté de l'État centrafricain. La sécurité des nationaux tout comme des

---

centrafricain dont la nappe se situe à cheval entre les deux pays et dont la mise en valeur des puits côté Centrafrique n'aurait pas permis son extraction normale, du côté du Tchad. Selon plusieurs sources, cette affaire de pétrole constitua le principal deal qui permit à Déby placer Bozizé à la tête du Centrafrique ».

[277] BOISBOUVIER Christophe, Invité Afrique : Guy Moskit, Radio France Internationale, 15 avril 2013.

[278] VIGNON Boniface, « François Bozizé : « *Je souhaite le retour à la légalité constitutionnelle* », RFI, le 06 avril 2013 : http://www.rfi.fr/afrique/20130404-francois-bozize-seleka-benin-tchad-accords-libreville-seleka-deby

étrangers relève de la compétence exclusive de l'État, sous réserve des accords de défense en vigueur d'une part, ou bien évidemment d'un appel au secours lancé par l'État lui-même aux gouvernements amis d'autre part.

Il faut dire que depuis les tentatives répétées de prise du pouvoir mais déguisées en mutineries de 1996 à 1997, depuis le coup d'État du 15 mars 2003, la souveraineté de l'État centrafricain n'existe que de nom. L'État centrafricain bat le record du nombre d'interventions des missions internationales. Actuellement, et depuis le 15 septembre 2014, une autre mission forte de douze milles casques bleus est arrivée dans le pays : la Mission intégrée multidimensionnelle de stabilisation des Nations Unies en République centrafricaine (MINUSCA) créée par la Résolution 2149 (2104 ONU) du 10 avril 2014 par le Conseil de Sécurité des Nations Unies[279]. La MINUSCA prend le relais de sa devancière africaine, la Mission Internationale de Soutien à la République centrafricaine (MISCA), et travaillera de concert avec la force Française Sangaris et la force Européenne EUFOR RCA. En plus des militaires, ces dernières missions sont composées en outre de policiers, de gendarmes, de geôliers, de magistrats et autres civils pour pallier l'absence d'État, devenue pathétique depuis la grave crise sécuritaire et humanitaire née après la prise du pouvoir le 24 mars 2013 par la coalition rebelle Séléka de Michel Djotodia.

---

279 http://www.un.org/fr/documents/view_doc.asp?symbol=S/RES/2149%282014%29

Le caractère virtuel de cette souveraineté tient aussi au fait que suite au coup d'État du 24 mars 2013, c'est en réalité le Sommet des Chefs d'État de la CEEAC qui pris toutes les grandes décisions en lieu et place du peuple centrafricain, qui a décidé de la mise en place des institutions de transition, décidant notamment que la personnalité chargée de gérer l'exécutif doit porter le titre de « *Chef de l'État de la Transition* » et non les titres classiques Président de la République, de Chef de l'État. La Charte Constitutionnelle de Transition du 18 juillet 2013 elle-même n'a fait qu'entériner simplement en son article 104 cette décision des Chefs d'État de la CEEAC : « *Le Chef de l'État de la Transition ne porte pas le titre de Président de la République* ». Auparavant, les premiers instruments juridiques de la Transition furent rédigés par le Secrétariat Exécutif de la CEEAC avant d'être soumis aux acteurs politiques centrafricains transportés par un avion affrété par l'organisation et réunis à Libreville. C'est dans ces conditions que furent signés les Accords de Libreville.

Ainsi, du fait des conflits politico-militaires internes nés des coups d'État, ayant exacerbé des clivages partisans, ethniques et régionaux, la communauté internationale est quasiment continuellement présente dans le pays. Cette présence est autant militaire[280], politique[281], que financière[282].

[280] Depuis les tentatives de putschs de 1996 à 1997, la République Centrafricaine a vu s'installer durablement sur son territoire une présence militaire internationale. Plusieurs forces d'interposition, de soutien ou de maintien de la paix se sont succédées depuis 1996 : la Mission Internationale de Suivi des Accords de Bangui (MISAB), la Mission Internationale des Nations-Unies en RCA (MINURCA), la Mission Internationale des Nations-Unies en RCA et Tchad (MINURCAT), la Force Européenne au Tchad et en RCA (EUFOR RCA-TCHAD), la Force Multinationale en Centrafrique (FOMUC), la Force Multinationale d'Afrique Centrale (FOMAC), la Mission de Consolidation de la Paix en Centrafrique (MICOPAX) et la Mission Internationale de Soutien à la République Centrafricaine (MISCA), et depuis le 15 septembre 2014 la Mission intégrée multidimensionnelle de stabilisation des Nations Unies en République centrafricaine (MINUSCA) par sa résolution 2149 (2104) du 10 avril 2014. Mises à part ces forces, doit être relevée la présence plus ou moins continue de l'armée Française depuis l'indépendance (EFAO du camp Leclerc à Bouar et du camp Béal à Bangui) ; aujourd'hui (2013), la France est présente avec la Mission Boali depuis 2002. Enfin, l'armée Tchadienne est constamment présente en Centrafrique d'abord à travers ces nombreuses missions internationales précitées, mais aussi à titre individuel, en plaçant et protégeant le Président François Bozizé du 15 mars 2003 au 24 mars 2013, ainsi qu'en installant Michel Djotodia au pouvoir le 24 mars 2013. L'armée Sud-Africaine, elle aussi, a été appelée à Bangui d'abord pour la formation des militaires centrafricains et ensuite pour tenter, sans succès, de maintenir le général François Bozizé au pouvoir face au déferlement des hordes rebelles de Michel Djotodia. Auparavant, il faut noter que le Guide Libyen Mouammar Kadhafi avait aussi dépêché à Bangui des troupes pour aider le Président Patassé à faire face à la tentative de putsch du 28 mai 2001. A l'occasion de ce coup manqué du 28 mai 2001, la République Centrafricaine a vu venir sur son sol des forces armées non conventionnelles, en l'occurrence les rebelles du Mouvement de Libération du Congo de Jean-Pierre Bemba. La souveraineté de l'Etat centrafricain est aussi mise à mal par des hordes rebelles étrangères, lesquelles viennent se nicher royalement sur le territoire centrafricain, s'en servir comme base arrière pour mener leur combat subversif contre

les autorités de leurs pays, et se livrer impunément à des activités criminelles de tous genres à l'endroit des populations centrafricaines. C'est le cas de l'Armée de Résistance du Seigneur de l'Ougandais Joseph Kony, recherché par la Cour Pénale Internationale. Ce fut aussi le cas du Front Populaire pour le Redressement du général Tchadien Baba Laddé.

[281] La communauté internationale est aussi souvent sollicitée politiquement en Centrafrique. Les Chefs d'Etat africains interviennent très souvent officiellement ou discrètement pour dénouer des situations politiques jugées complexe : Omar Bongo Ondimba, Sassou Nguesso, Idriss Déby, Théodore Obiang Nguema Mbasogo, Ali Bongo, Paul Biya. Lors des élections de 2005, il a fallu l'intervention d'Omar Bongo Ondimba pour que les candidats injustement recalés par la Cour Constitutionnelle de Transition soient admis à concourir. Entre les deux tours, de ces scrutins de 2005, les candidats Jean-Paul Ngoupandé et Charles Massi avaient été transportés à Brazzaville pour être convaincus par le Président congolais Sassou Nguesso afin de reporter leurs voix sur celles du candidat François Bozizé. Les querelles politiques internes sont pratiquement dénouées à l'extérieur, comme si les acteurs politiques centrafricains étaient de grands enfants, incapables de dialoguer de façon républicaine. Après, le coup d'Etat du 24 mars 2013, pas moins de 6 sommets internationaux tenus dans plusieurs capitales africaines ont été consacrés à la crise centrafricaine. C'est justement la communauté internationale qui dictera la feuille de route aux autorités de Transition, imposera que l'autoproclamé Michel Djotodia et le Président du Conseil National de Transition (CNT) soient plutôt désignés par les membres du CNT. La formation du gouvernement Tiangaye I, II et III s'est faite à Ndjamena et Brazzaville avec l'arbitrage définitif de Sassou Nguesso et Idriss Déby. La médiation internationale est récurrente, avec le général Amadou Toumani Touré (ATT) après les crises de 1996 et 1997 et de 2001. C'est par exemple suite aux négociations du médiateur Malien Ahmadou Toumani Touré que la mise à prix de la tête du général André Kolingba a été levée le 30 juin 2001. Par ailleurs, l'ONU tout comme l'Union Africaine dispose, alternativement ou simultanément, d'une représentation politique à Bangui, et ce depuis plus la décennie 1990 (BINUCA, BONUCA, Bureau de Liaison de l'Union Africaine à Bangui).

[282] L'Etat centrafricain, du fait de son enclavement, ploie naturellement sous le joug de la dépendance économique à l'égard de ses voisins dont

On l'aura bien noté, après plus de cinquante-trois ans d'indépendance, l'État centrafricain est un État instable, fantôme, un État géré de l'extérieur, sécurisé par l'extérieur, défendu par l'extérieur, financé par l'extérieur ; et lorsque l'État centrafricain est connu à l'extérieur, c'est pour ses sinistres records : une situation économique catastrophique, l'insécurité généralisée[283], l'instabilité permanente[284], la conquête anarchique et antidémocratique du pouvoir, faisant ainsi de la République centrafricaine le champion du monde de la conquête violente du pouvoir, de la violence politique cyclique.

Au vu de l'évolution politique et institutionnelle de la République centrafricaine depuis l'indépendance, peut-on

---

le Cameroun et le Congo Brazzaville. A cela, s'est progressivement ajoutée la dépendance financière du fait de la mauvaise gouvernance. L'Etat cumule et traine, depuis le régime André Kolingba, des arriérés de salaires. La Communauté Internationale est souvent mise à contribution. La CEMAC, la CEEAC, la France et même le Congo Brazzaville voisin octroient des aides budgétaires pour payer des salaires aux fonctionnaires centrafricains ! L'Etat centrafricain n'honore pas ses cotisations au niveau des organisations internationales dont elle est membre, avec toutes les sanctions diplomatiques encourues ; et si versement de cotisations il y'a, c'est de la part de ses pays amis tels que la Libye ou le Gabon. Après le coup d'Etat du 24 mars 2013, c'est l'armée Française et la MISCA qui interviennent après des Résolutions de l'ONU pour restaurer la sécurité dans le pays.

[283] DOUI WAWAYE Augustin Jérémie, La sécurité, la fondation de l'Etat centrafricain : contribution à la recherche de l'Etat de Droit, Thèse de Doctorat de Droit Public, Dijon, 2012, 715 p : l'auteur traite de la crise sécuritaire permanente en Centrafrique.

[284] BINOUA Joseph, Centrafrique : l'instabilité permanente, Paris, L'Harmattan, 2005, 67 P. ; NGOUPANDE Jean-Paul, Chronique de la crise centrafricaine 1996-1997 : le syndrome barracuda, Paris, L'harmattan, 1997, 281 p.

lui concéder le qualificatif « *État* » ? Deux réponses sont possibles. Primo, si le Centrafrique est un « *État* », ce serait peut-être parce qu'il s'est doté d'une organisation politique et d'une Constitution ; et s'il était un État, il serait, non un État souverain digne de ce nom, mais plutôt un État mi-souverain, un État perpétuellement sous tutelle régionale ou internationale[285]. Secundo, si le Centrafrique n'est pas un État, alors il serait une peuplade, une « *terra nullius* »[286].

En général, la communauté internationale se contente de condamner fermement les coups d'État en Centrafrique, à travers des déclarations ou par voie de communiqués officiels[287], avant de s'accommoder ensuite de ces différents changements politiques violents. Or, les condamnations internationales de principe de tous ces coups d'État ne suffisent pas à dissuader les potentiels assoiffés du pouvoir dans ce pays. C'est ainsi que, désormais, il est vivement souhaitable de reproduire en Centrafrique la réaction immédiate et efficace de la

---

[285] Devant le chaos sécuritaire et humanitaire en Centrafrique et en raison de l'impuissance politique du Chef de l'Etat de transition Michel Djotodia, plusieurs voix centrafricaines se sont élevées pour réclamer de l'ONU de placer le Centrafrique sous tutelle. Joseph Bendounga, pourtant Ministre de l'Elevage dans le gouvernement de transition, s'est exprimé officiellement en ce sens le 18 septembre 2013 lors d'une réunion avec les représentants de l'Ouham-Pendé ; le Ministre a réclamé la mise sous tutelle onusienne de la République Centrafricaine. Cette tutelle, encore informelle, existe déjà depuis des décennies.

[286] Locution latine signifiant « *territoire sans maître* ».

[287] Ce fut le cas notamment après le coup d'Etat manqué du 28 mai 2001 ; ce putsch a été condamné par la France, le Togo, et même le Tchad (PORGES Laurence, op. cit., p. 49). Les coups d'Etat du 15 mars 2003 et du 24 mars 2013 ont également été fermement condamnés par la France, l'Union Européenne, l'Union Africaine et bien d'autres Etats.

communauté internationale après le putsch du 22 mars 2012 survenu au Mali, selon l'esprit de la Déclaration de l'Union Africaine d'Alger, le 14 septembre 1999, sur les changements anticonstitutionnels en Afrique[288].

[288] Voir également les articles 23, 24, 25, et 26 de la Charte Africaine de la Démocratie, des Elections et de la Gouvernance : « **Article 23**
Les Etats parties conviennent que l'utilisation, entre autres, des moyens ci-après pour accéder ou se maintenir au pouvoir constitue un changement anticonstitutionnel de gouvernement et est passible de sanctions appropriées de la part de l'Union:
1. Tout putsch ou coup d'Etat contre un gouvernement démocratiquement élu.
2. Toute intervention de mercenaires pour renverser un gouvernement démocratiquement élu.
3. Toute intervention de groupes dissidents armés ou de mouvements rebelles pour renverser un gouvernement démocratiquement élu.
4. Tout refus par un gouvernement en place de remettre le pouvoir au parti ou au candidat vainqueur à l'issue d'élections libres, justes et régulières.
5. Tout amendement ou toute révision des Constitutions ou des instruments juridiques qui porte atteinte aux principes de l'alternance démocratique.
Article 24
Au cas où il survient, dans un Etat partie, une situation susceptible de compromettre l'évolution de son processus politique et institutionnel démocratique ou l'exercice légitime du pouvoir, le Conseil de paix et de sécurité exerce ses responsabilités pour maintenir l'ordre constitutionnel conformément aux dispositions pertinentes du Protocole relatif à la création du Conseil de paix et de sécurité de l'Union africaine, ci-après dénommé le Protocole.
Article 25
1. Si le Conseil de Paix et de Sécurité constate qu'il y a eu changement anticonstitutionnel de gouvernement dans un Etat partie, et que les initiatives diplomatiques ont échoué, il prend la décision de suspendre les droits de participation de l'Etat partie concerné aux activités de l'Union en vertu des dispositions des articles 30 de l'Acte Constitutif et 7 (g) du Protocole. La suspension prend immédiatement effet.

En effet, à la suite du coup d'État du 22 mars 2012 au Mali, le capitaine Ahmadou Sanogo s'était autoproclamé Président de la République, et Président du Comité National pour le Redressement de la Démocratie et la Restauration de l'État (CNRDRE). L'autoproclamé avait, par la suite, pris des mesures pour, d'abord suspendre les institutions républicaines (constitution, gouvernement et parlement),

---

2. Cependant, l'Etat partie suspendu est tenu de continuer à honorer ses obligations vis-à-vis de l'Union, en particulier celles relatives au respect des droits de l'homme.
3. Nonobstant la suspension de l'Etat partie concerné, l'Union maintient ses relations diplomatiques et prend toutes initiatives afin de rétablir la démocratie dans ledit Etat partie.
4. Les auteurs de changement anticonstitutionnel de gouvernement ne doivent ni participer aux élections organisées pour la restitution de l'ordre démocratique, ni occuper des postes de responsabilité dans les institutions politiques de leur Etat.
5. Les auteurs de changement anticonstitutionnel de gouvernement peuvent être traduits devant la juridiction compétente de l'Union.
6. La Conférence impose des sanctions à l'encontre de tout Etat partie qui fomente ou soutient un changement anticonstitutionnel de gouvernement dans un autre Etat, et ce, en vertu des dispositions de l'article 23 de l'Acte constitutif.
7. La Conférence peut décider d'appliquer d'autres formes de sanctions à l'encontre des auteurs de changement anticonstitutionnel de gouvernement, y compris des sanctions économiques.
8. Les Etats parties ne doivent ni accueillir ni accorder l'asile aux auteurs de changement anticonstitutionnel de gouvernement.
9. Les États parties jugent les auteurs de changement anticonstitutionnel de gouvernement ou prennent les mesures qui s'imposent en vue de leur extradition effective.
10. Les Etats parties encouragent la signature d'accords bilatéraux ainsi que l'adoption d'instruments juridiques sur l'extradition et l'entraide judiciaire.

Article 26

Le Conseil de Paix et de Sécurité lève les sanctions dès que la situation qui a motivé la suspension est résolue ».

instaurer un couvre-feu et fermer les frontières, et enfin établir un Acte Fondamental en date du 26 mars 2012. Du fait de la pression internationale notamment de la Communauté Économique des États de l'Afrique de l'Ouest (CEDEAO) dont le Mali est membre, le président autoproclamé va, dans un premier temps, annoncer le 1er avril 2012, le rétablissement de la Constitution Malienne du 25 février 1992. Ensuite, en vertu de l'Accord du 6 avril 2012 conclu sous l'égide de la CEDEAO et du Burkina Faso, les institutions républicaines sont rétablies. Ce qui implique constitutionnellement que l'intérim de la présidence de la République soit assuré par le Président de l'Assemblée Nationale[289]. Cette disposition constitutionnelle deviendra effective le 12 avril 2012 : ce jour-là, Diocounda Traoré, revenu de son exil Burkinabè le 07 avril 2012, est investi Président de la République par intérim, après que le Président Amadou Toumani Touré eut auparavant démissionné le 08 avril 2012. Diocounda Traoré nomme successivement Cheich Modibo Diarra et Diango Cissoko au poste de Premier Ministre. Soulignons que cette disposition constitutionnelle relative à l'intérim présidentiel n'a été sauvée que partiellement, puisque-il a fallu attendre très longtemps, plus de temps que ne le prévoit la

[289] L'article 36 al. 2 de la Constitution Malienne du 25 février 1992 dispose en effet : « *En cas de vacance de la présidence de la République pour quelque cause que ce soit ou d'empêchement absolu ou définitif constaté par la Cour constitutionnelle saisie par le président de l'Assemblée nationale et le premier ministre, les fonctions du président de la République sont exercés par le président de l'Assemblée nationale* ».

Constitution[290], pour organiser l'élection présidentielle les 28 juillet et 11 août 2013, scrutin soldé par la victoire d'Ibrahim Boubacar Keita au second tour face à Soumaïla Cissé. Un tel schéma, à défaut de rétablir purement et simplement le gouvernement de droit, pourrait contribuer sensiblement à changer les mentalités d'hommes politiques et de certains militaires qui, tapis dans l'ombre, lorgnent vers le palais présidentiel.

[290] L'article 36 al. 4 de la Constitution malienne du 25 février 1992 dispose : « *L'élection du nouveau président a lieu vingt et un jours au moins et quarante jours au plus après constatation officielle de la vacance ou du caractère définitif de l'empêchement* ».

CONCLUSION

L'ineffectivité juridique de la démocratie en Centrafrique, s'explique désormais aussi par une autre variable déterminante. En effet, parallèlement au principe constitutionnel électif, mode non violent par nature, mais susceptible de le devenir du fait de sa dénaturation politique (fraude massive), on observe que la pratique politique Centrafricaine de son côté, a fait apparaître, la récurrence aidant, un autre moyen d'accession au pouvoir : le coup d'État, fait violent *ab initio* de conquête du pouvoir.

Avec la naissance et la pratique du coup d'État, on peut affirmer que le pouvoir présidentiel en Centrafrique est comparable à une *res nullius*, à un bien vacant, à une proie à la merci d'une multitude de prédateurs[291]. Le 30 avril

---

[291] Les comportements de certains hommes politiques en Afrique peuvent renvoyer à des scènes observables dans le milieu naturel africain : en effet, les marigots africains sont infestés par une multitude de crocodiles. Ces reptiles géants sont réputés pour leur ténacité et leur intrépidité à s'accrocher à leurs proies. Puisqu'ils ne cèdent jamais d'eux-mêmes et ne partagent jamais leurs proies, il faut les leur arracher entre les crocs. Seuls d'autres crocodiles plus forts ou plus rusés peuvent alors y parvenir, ce qui donne souvent lieu à une bataille où tous les coups de crocs sont permis, une bataille rude et disputée, avec la survie comme enjeu car le crocodile perdant se résignera, avec une faim tenaillante, à regarder le gagnant faire ripaille. Cette réalité qu'on peut observer dans le milieu naturel africain résume parfaitement le déroulement et l'enjeu de la bataille politique ou des élections présidentielles en Afrique. Les élections en Centrafrique et dans certains pays africains sont pour la plupart du temps regardées comme le moyen de parvenir au pouvoir non dans le but de gérer les affaires publiques de la nation au profit de l'intérêt général mais plutôt pour tirer

1959, peu après la proclamation de la République centrafricaine[292], Abel Goumba fut empêché d'accéder au pouvoir à cause des manœuvres politique et ethnique. En effet, David Dacko, le cousin du Président Fondateur disparu accidentellement le 29 mars 1959, réussit ainsi à se faire investir Président de la République alors qu'Abel Goumba était, semble-t-il, le plus apte politiquement : une pratique est née en Centrafrique, celle de la *violence politique* en Centrafrique[293]. Elle va très vite se reproduire, le 31 décembre 1965, avec le coup d'État militaire de Jean-Bedel Bokassa, puis s'imposer durablement en tant que variable déterminante de la vie politique Centrafricaine.

On retient que depuis l'indépendance, et la plupart du temps, l'accession à la fonction présidentielle s'opère sur fond de violence politique. Celle-ci, si elle n'est pas créée par une élection mal organisée ou frauduleuse, se manifeste à la faveur d'un coup d'État. Ainsi, pseudo-élection ou élection pseudo-démocratique et coup d'État rythment l'accession à la magistrature suprême. Election frauduleuse et coup d'État, tous deux violents, alternent. La violence s'est nichée dans la vie politique centrafricaine. Dans le subconscient des hommes politiques centrafricains, la violence constitue alors un autre moyen efficace pour parvenir au pouvoir.

---

profit du pourvoir avec tous ses attributs pour soi, sa famille, son clan, son ethnie et sa région.

[292] Le 1er décembre 1958, par le Président Fondateur Barthélémy Boganda.

[293] On attribue à tort à Jean Bedel Bokassa d'avoir instauré la violence politique en Centrafrique, avec son coup d'Etat de la Saint Sylvestre 1965.

Les Présidents de la République se succèdent en marge du droit, et au mépris de la volonté du peuple. Même impopulaire, même électoralement défait, l'homme politique centrafricain, tenaillé par une soif inextinguible du pouvoir, se sert de la violence comme un vrai recours, recours certes non juridique mais politiquement efficace pour obtenir ce que le peuple lui aura refusé ou aura décidé d'accorder à un autre citoyen. Sans projet politique réel pour le pays, il prend quand même le pouvoir. Par la violence, il neutralise et réduit la puissance souveraine à une impuissance certaine. Par la violence, il dénie au peuple son droit le plus fondamental de choisir celui qui doit le représenter, et conduire les affaires de la cité. Par l'élection truquée ou frauduleuse, la représentation politique est heurtée, bouleversée et transformée. Par le coup d'État, la représentation politique est attaquée et réduite en cendres.

La pratique politique africaine caractérisée par des crises notamment les coups d'État conduit à la neutralisation, à la mise à l'écart, à la suspension des règles constitutionnelles. Celles-ci, par temps de crise politique, sont souvent remplacées par des accords politiques. La République centrafricaine en est une parfaite illustration.

BIBLIOGRAPHIE

I. OUVRAGES GENERAUX

A. OUVRAGES DE DROIT CONSTITUTIONNEL ET INSTITUTIONS POLITIQUES

-CARCASSONNE Guy, La Constitution, 11ème éd., Paris, Seuil, 2013, 465 p.

-COHENDET Marie-Anne, Droit Constitutionnel : Cours, travaux dirigés, conseils de méthodes, exercices, sujets d'examens, corrigés, Paris, LGDJ, 2013, 762 p.

-CONAC G. et LUCHAIRE F., Le droit constitutionnel de la cohabitation : bilan juridique d'une expérience politique 23 mars 1986 – 8 mai 1988, Paris, Economica, 1989, 335 p.

-CORNU Gérard (dir.), Vocabulaire juridique, 10ème éd., PUF, Paris, 2014, 1099 p.

-DE VILLIERS Michel et LE DIVELLEC Armel, Dictionnaire du Droit Constitutionnel, 8ème éd., Paris, Dalloz, 2011, 400 p.

-FAVOREU Louis, La politique saisie par le droit : alternances, cohabitation et conseil constitutionnel, Paris, Economica, 1988, 123 p.

-GICQUEL Jean et GICQUEL Jean-Eric, Droit constitutionnel et institutions politiques, 36e éd., Paris, LGDJ, 2022-2023, 1002 p.

-HAURIOU Maurice, Précis de Droit Constitutionnel, 2e éd., Sirey, 1929 (réédition CNRS, imprimerie Louis-Jean, 1965), 759 p.

-HERMET Guy., BADIE Bertrand., BIRNBAUM Pierre. et BRAUD Philippe., Dictionnaire de la science politique et des institutions politiques, 7ème éd., Paris, Armand Colin, 2010, 315 p.

-VEDEL Georges, Manuel élémentaire de Droit Constitutionnel, réédition présentée par Guy Carcassonne et Olivier Duhamel, Paris, Dalloz, 2002, 616 p.

-VERPEAUX Michel, Droit Constitutionnel Français, Paris, PUF, 2013, 602 p.

B. AUTRES OUVRAGES DE DROIT PUBLIC

-BONIFACE Pascal et VEDRINE Hubert, Atlas des crises et des conflits, Paris, Armand Colin Fayard, 2009, 125 p.

-BURDEAU Georges, Essai d'une théorie de la révision des lois constitutionnelles en droit français, Thèse, Macon, 1930, 349 p.

-CARRE DE MALBERG Raymond, Contribution à la théorie générale de l'État, Paris, Dalloz, réédition de 2003, 1525 p.

-CHERRIER Emmanuel, 18 brumaire et le 2 décembre : d'un coup d'État à l'autre : éléments pour une étude du coup d'État, Thèse de Doctorat de Science Politique, Lille 2, 1999, 4 microfiches de 392 p.

-DUVERGER Maurice, Institutions politiques, 9e éd. remaniée, Paris, PUF, 1966, 791 p.

-GALULA David, Contre-insurrection : théorie et pratique, Paris, Economica, DL 2008, 213 P.

-LE MANACH Catherine, La crise politique hondurienne, ou la communauté internationale face à ses contradictions. Analyse d'une levée de boucliers contre une atteinte au credo démocratique en Amérique latine, Mémoire de recherche, (dir.) Jérôme Viguier,-IEP de Toulouse, 2010, 146 p.

-LUTTWAK Edward, Le coup d'État, théorie et pratique, Paris, R. Laffont, 1969, 287 p.

-MOCK Mélody, Le coup d'État moderne, formation a-juridique d'un nouvel ordre juridique, Thèse de Doctorat en Histoire du Droit et des Institutions, Université de Paris 2 Panthéon Assas, 2012, 663 p.

-NAUDE Gabriel, Considérations politiques sur les coups d'État, Rome, éd. M. DC. XXXIX, 1639, 222 p.

-ROUSSEAU Charles, Du contrat social, Paris, éd. Serpent à plumes, 1998, 323 p.

II. OUVRAGES SPECIAUX

A. OUVRAGES SUR L'AFRIQUE

-AKINJOGBIN I. A., Le concept de pouvoir en Afrique, Paris, Unesco, 1986, 191 p.

-BENCHENANE Mustapha, Les coups d'État en Afrique, Paris, Publisud, 1983, 196 p.

-BOIS DE GAUDUSSON Jean (du), CONAC Gérard et DESOUCHES Christine, Les constitutions africaines publiées en langue Française, Paris, la Documentation Française, 1998, 458 p.

-BOULAGA Fabien Eboussi., Les conférences nationales en Afrique noire : une affaire à suivre, Paris, Karthala, 2009, 229 p.

-BRAHIMI EL MILI Naoufel, Le printemps arabe : une manipulation ?, Paris, Max Milo, 2012, 220 p.

-CONAC Gérard, Les institutions constitutionnelles et politiques des États d'Afrique francophone et de la République Malgache, Paris, Economica, 1979, p. 67.

-DUSSEY Robert, L'Afrique malade de ses hommes politiques, Paris, Jean Picollec Editeur, 2008, 252 P.

-GONIDEC Pierre-François, Les systèmes politiques africains, 3e édition, Paris, LGDJ, 1997, 242 p.

-KAMTO Maurice, Pouvoir et droit en Afrique : essai sur les fondements du constitutionnalisme dans les États d'Afrique noire francophone, Paris, LGDJ, 1987, 545 p.

-LAVROFF Dmitri Georges et PEISER Gustave, Les constitutions africaines, Tome I, éd. A. Pedone, Paris, 1961, 63 p.

-LAVROFF Dmitri Georges, Les systèmes constitutionnels en Afrique noire, Paris, Pedone, 1975, 438 p.

-PABANEL Jean-Pierre, Les coups d'État militaire en Afrique noire, Paris, L'Harmattan, 1984, 188 p.

B. OUVRAGES SUR LE CENTRAFRIQUE

-BIGO Didier, Pouvoir et obéissance en Centrafrique, Paris, Karthala, 1988, 341 p.

-BINOUA Joseph, Centrafrique : l'instabilité permanente, Paris, L'Harmattan, 2005, 67 p.

-DELPEY Roger, Affaires Centrafricaines, Paris, J. Grancher, 1985, 248 p.

-DELPEY Roger, La manipulation, Paris, J. Grancher, 1981, p. 346 p.

-GAGLIARDI-BAYSSE Apolline, dynamiques de formation et de reproduction des élites politiques Centrafricaines, Mémoire en vue de l'obtention du Master

2 Recherche en Science Politique, (dir.) Roland Marchal, Université de Paris 1, septembre 2009, 238 p.
-FAES Géraldine et SMITH Stephen, Bokassa 1er, un empereur Français, Paris, éd. Calmann-Lévy, 2000, 385 p.

-FLICHY DE LA NEUVILLE Thomas (dir.), MEZIN-BOURGNINAUD Véronique et MATHIAS Gregor, Centrafrique, pourquoi la guerre ?, Paris, Panazol-Lavauzelle, 2014, 110 p.

-FRANCAIS Jean, Le putsch de Bokassa : histoire secrète, Paris, L'Harmattan, 2004, 116 p.

-GERMAIN Emmanuel, La Centrafrique de Bokassa (1965-1979) : force et déclin d'un pouvoir personnel, Thèse de Doctorat de Droit Public, Université de Perpignan, 1999, 216 p.

-MBOLI-GOUMBA Crépin, Les voies du possible en Afrique : le cas Centrafricain, Paris, L'Harmattan, 2004, 171 p.

-NDOUBA Prosper, L'otage du général rebelle Centrafricain François Bozizé : journal d'un captif des libérateurs, Paris, L'Harmattan, 2005, 180 p.

-NGOUPANDE Jean-Paul, Chronique de la crise Centrafricaine 1996-1997 : le syndrome barracuda, Paris, L'harmattan, 1997, 281 p.

-SAULET SURUNGBA Clotaire, Centrafrique 1993-2003 : la politique du changement d'Ange Félix Patassé, Paris, L'Harmattan, 2012, 274 p.

-SERRE Jacques, Biographie de David Dacko, premier Président de la République centrafricaine : 1930-2003, Paris, L'Harmattan, 2007, 384 p.

-TENE-KOYZOA Auguste, Centrafrique : histoire économique et sociale au 20e siècle, Paris, L'Harmattan, 2005, 401 p.

III. ARTICLES ET CONTRIBUTIONS A DES OUVRAGES COLLECTIFS

A. ARTICLES ET CONSTRIBUTIONS A DES OUVRAGES COLLECTIFS SUR LA FRANCE

-BOYER Pierre-Xavier, « *Coup d'État et révolution* », in Boutin C. et Rouvillois F. (dir), Le coup d'État, recours à la force ou dernier mot politique ?, Office d'Edition Impression Librairie, 2007,

-CHEVALLIER Jacques, « *L'analyse institutionnelle* », in L'institution, Centre universitaire de recherches administratives et politiques de Picardie, Paris, PUF, 1981, pp.3-61

COHENDET Marie-Anne, « *Le Système des variables déterminantes* », in Mélanges Jean Gicquel, constitutions et pouvoirs, Paris, Montchrestien, Lextenso éditions, 2008, pp. 119-134.

-CONAC Gérard, « *Présidentialisme* », in Dictionnaire Constitutionnel, Paris, PUF, 1992, p. 812.

-MONDOT Jean, la chute du mur de Berlin, Actes du colloque, Paris, Pessac : Presses Universitaires de Bordeaux, 2004, 188 p.

PACTET Pierre, « *L'évolution contemporaine de la responsabilité gouvernementale dans les démocraties pluralistes* », in Le pouvoir, Mélanges Georges Burdeau, (dir.) R. PICHON et R. DURAND-AUZIAS, Paris, LGDJ, 1977, pp. 191-210.

-SAINT-BONNET François, « *Technique juridique du coup d'État* », in Le prince, le peuple et le droit : autour des plébiscites de 1851 et 1852, Paris, Léviathan, PUF, 2000, pp. 123-160.

-SCELLE Georges, Pouvoir étatique et Droit des Gens, R.D.P., 1943, pp. 217-219.

-VELLEY Serge, « *Du coup d'État légal* », in Champeil-Desplats Véronique et Ferré Nathalie, Frontières du droit, critique des droits : billets d'humeur en l'honneur de Danièle Lochak, Paris, LGDJ, 2007, 416 p.

B. ARTICLES ET CONTRIBUTIONS A DES OUVRAGES COLLECTIFS SUR L'AFRIQUE

-BERRAMDANE Abdelkhaleq, « *Le discours de La Baule et la politique africaine de la France* », in RJPIC, n°3, septembre-décembre 1999, pp. 247-268.

-BOIS DE GAUDUSSON Jean (du), « *Quel statut constitutionnel pour le chef de l'État en* Afrique ? », in *Le nouveau constitutionnalisme*, Mélanges en l'honneur de G. Conac, Paris, Economica, 2001, pp. 329-337.

-BOLLE Stéphane, « *Des constitutions made in Afrique* », VIème Congrès français de droit constitutionnel (AFDC), Montpellier, 9, 10, 11 juin 2005, Atelier 7, Le constitutionnalisme : un produit d'exportation ? Communication N° 2, p. 2.

-BOURGI, Albert., « *Les États généraux de la démocratie* », in Jeune Afrique, N° 1591 du 26 juin au 2 juillet 1991, pp. 26-27

-BOURMAUD D., Quantin P., « *Le modèle et ses doubles : les conférences nationales en Afrique noire (1990-1991)* », in Meny Y (Dir.), Les politiques du mimétisme institutionnel. La greffe et le rejet, Paris, L'Harmattan, 1993, pp. 165-182

-CONAC Gérard, « *L'évolution constitutionnelle des États francophones d'Afrique noire et la République démocratique* Malgache », in CONAC Gérard (dir.), Les institutions constitutionnelles des États d'Afrique francophones et de la République Malgache, Centre d'Etudes Juridiques Comparatives de l'Université de Paris 1, Paris, Economica, 1979, 354 p.

- GICQUEL Jean, « *Le présidentialisme négro-africain : l'exemple Camerounais* », in Le pouvoir, Mélanges Georges Burdeau, (dir.) R. PICHON et R. DURAND-AUZIAS, Paris, LGDJ, 1977, pp. 706-725.

-GLEGLE AHANHANZO Maurice, « *La constitution ou loi fondamentale* », in Encyclopédie Juridique de l'Afrique, T. 1, L'État et le droit, Abidjan, Dakar, Lomé, Les Nouvelles Editions Africaines (NEA), 1982, vol. 1, pp. 21-50.

-HAMON L., « *La démocratie pluraliste en Afrique* », in « *L'Afrique en transition vers le pluralisme politique* », Sous la Dir. de CONAC Gérard, Paris, Economica, 1993, p.

HOLO Théodore, « *Quel avenir pour la démocratie en Afrique ?* », in Processus démocratique en Afrique : impact et perspectives, édité par Pierre Salmon, Actes du colloque international, Cotonou, 11-14 avril 1994, pp. 119-125.

KEUTCHA TCHAPNGA Célestin, « Droit Constitutionnel et conflits politiques dans les États francophones d'Afrique noire », Revue Française de Droit Constitutionnel, 2005/3, n° 63, p. 451-491, précisément p. 454.

C. *ARTICLES ET CONTRIBUTIONS A DES OUVRAGES COLLECTIFS SUR LE CENTRAFRIQUE*

-AYAD Christophe, « *Putsch fatal à Patassé en Centrafrique* », in journal Libération, 17 mars 2003

-BERMAN Eric G., La République centrafricaine : étude de cas sur les armes légères et les conflits, Genève, 2006, 39 p.

-BOLTANSKI Christophe, « *Bangui, ville de la peur* », in journal Le Nouvel Observateur, N° 2532 du 16 mai 2013, pp. 58-62.

-ERENON Dominique Désiré, « *Regard juridique et politique sur la révocation du Vice-président Abel Goumba par Décret n°05.62 du 15 mars 2005* », 25 mars 2005, in sangonet, http://www.sangonet.com/actu-snews/ICAR/ActuC/par-decret-boz_ab-gou.html, voir également http://www.fodem.org/la_depeche/200503/050325%20FRAUDE.htm.

-FIDH, Rapport du Groupe d'action judiciaire (GAJ) de la FIDH : La FIDH et la situation en République centrafricaine devant la Cour Pénale Internationale. L'Affaire Jean-Pierre Bemba Gombo, juillet 2008, 24 p. http://www.fidh.org/IMG/pdf/CPIaffbemba502fr2008.pdf

-FOKA Alain, « *Portrait de Jean-Bedel Bokassa (1/4)* », in Archives d'Afrique, émission de Radio France Internationale (RFI), 12 juillet 2010.

-Haut-commissariat des Nations-Unies pour les réfugiés, Fiche pays République centrafricaine, janvier 2005, 30 p.

-HODONOU Valentin, « *Centrafrique : le cauchemar permanent* », Dossier in *Notre Afrik*, N°46, juillet-août 2014, pp. 36-50.

-HODONOU Valentin, « *Un scrutin sans surprise en Centrafrique* », in Géopolitique Africaine, N°18, 1er avril 2005, pp. 115-127.

-INTERNATIONAL CRISIS GROUP, La République centrafricaine : anatomie d'un État fantôme, Rapport N° 136, 13 décembre 2007, 49 p.

-KONE Aristide, « *Coup d'État en Centrafrique, la rébellion Séléka s'empare du pouvoir* », in Afrique Education, N° 365-666 du 1er au 30 avril 2013, pp. 18-19.

-KOYT M. F., MBRINGA Takama, DECOUDRAS P.-M., « *République centrafricaine : les vicissitudes du changement* », in l'Afrique Politique, 1995, Paris, Karthala et CEAN, pp.235-251.

-LA DOCUMENTATION FRANCAISE, la République centrafricaine, Notes et Etudes documentaires, 16 décembre 1960, N°2.733, 49 p.

-LAFARGUE Régis, « *De l'autocratie impériale à la dictature d'une ethnie : au-delà du discours démocratique, réalités et pouvoirs en Centrafrique* », in Droit et Cultures, N° 35, 1998 / 1, pp. 223-245.

- LALOUPO, Francis, « *Centrafrique. Le péril Bozizé* », in Le Nouvel Afrique Asie, février 2005, no 185, p. 13-16.

-LALOUPO Francis, « *Centrafrique, un destin confisqué* », in Géopolitique Africaine, N°9, janvier 2003, pp.219-229.

-LALOUPO Francis, « *La lente chute de Patassé* », in Le Nouvel Afrique Asie, N°163 – Avril 2003.

-LANNE Bernard, République centrafricaine : notes et coupures de presse sur la République centrafricaine, 1957-1975, microfilm de 35 mm, consultable à la Bibliothèque Nationale de France (Site de Richelieu).

-LEABA Oscar, « *La crise Centrafricaine de l'été 2001 », in Politique Africaine* », N° 84, décembre 2001, pp. 164-175.

-LECLERCQ C., La constitution centrafricaine du 21 novembre 1986, in RJPIC, vol. 41, pp. 290-298.

-LOMBARD Louisa, « *Rébellion et limites de la consolidation de la paix en République centrafricaine* », in Politique Africaine, N° 125- mars 2012, Paris, Karthala, pp.189-208.

- LUGAN Bernard, « *Ces cycles ethniques qui expliquent l'instabilité* », in l'Afrique Réelle, n° 38, février 2013, pp. 2-5.

-MANDE NDJAPOU Joseph, « *Le rôle de la Cour Constitutionnelle de la République centrafricaine* », in Penant, 1999, vol. 109, pp. 245-286.

-MELHER A. et CRUZ Da Va, « *République centrafricaine : la démocratie n'est pas un vaccin, politique formelle et informelle* », in L'Afrique Politique, 2000, Karthala et CEAN, pp. 197-208.

-NGOUPANDE Jean-Paul, « *Au commencement était Lucy...* », in Géopolitique Africaine, N°10, janvier 2003, pp.135-148.

-NGOUPANDE Jean-Paul, « *Le naufrage de l'éducation en République centrafricaine* », in Géopolitique Africaine, N°9, janvier 2003, pp. 101-112.

- NGOUPANDE Jean-Paul, « *Pour le consensus en République centrafricaine* », in Géopolitique Africaine, N° 15-16, octobre 2004, pp. 249-254.

-NIEWIADOWSKI Didier, « *La République centrafricaine : le naufrage d'un État, l'agonie d'une nation* », Févier 2014, p. 13 http://afrilex.u-bordeaux4.fr/sites/afrilex/IMG/pdf/La_Republique_centrafricaine.pdf

-OCHA (Bureau de Coordination des Affaires Humanitaires des Nations-Unies), Rapport de situation N° 21 sur la République centrafricaine, 21 juin 2013, p. 1.

-ORGANISATION INTERNATIONALE DE LA FRANCOPHONIE, Rapport de la Mission d'Observation des Elections Présidentielles du 19 septembre 1999, 25 p. : http://democratie.francophonie.org/IMG/pdf/RAPPORT_DE_LA_MISSION_D_OBSERVATION_DES_ELECTIONS_PRESIDENTIELLES_DU_19_SEPTEMBRE_1999.pdf,

-OWONA Joseph, « *La nouvelle organisation des pouvoirs en Centrafrique : les actes constitutionnels de septembre 1985* », in R.J.P.I.C., 1986, vol. 40, p. 94-98.

-OWONA Joseph, « *Le pouvoir exécutif* », in Encyclopédie Juridique de l'Afrique, T. 1, « L'État et le droit », Abidjan, Dakar, Lomé, Les Nouvelles Editions Africaines (NEA), 1982, pp. 97-126.

-PORGES Laurence, « *Le coup d'état de mai 2001 au Centrafrique : un évènement presque ignoré »,* in Afrique Contemporaine, N° 200, 2001, pp. 34-49.

-POUZERE Henri, « *La vérité sur l'histoire de l'insécurité en Centrafrique, une piste de réflexion politique pour une propagande électorale éclairée contre ce mal absolu* », 2005, http://www.sangonet.com/ActuDo/ICAR/Dsp/verite_insecur_RCA-HP.html.

-RAYNAL Jean-Jacques, « *L'évolution politique et constitutionnelle de la République centrafricaine (1958-1953)* », in R.J.P.I.C, N° 4, 1983, pp. 795-816

-RAYNAL Jean-Jacques, « *La Cour suprême Centrafricaine, juge administratif et constitutionnel* », in CONAC Gérard (dir.), Les Cours suprêmes en Afrique, tome II : la jurisprudence : Droit Constitutionnel, Droit social, Droit international, Droit financier, Paris, Economica, 1989, p. 66.

-RAYNAL Jean-Jacques, « *Les actes constitutionnels du 21 septembre 1985 : la « civilisation » du régime* centrafricain », in Penant, 1986, vol. 96, pp. 221-227.

-RAYNAL Jean-Jacques, La constitution centrafricaine du 28 novembre 1986, in Penant, 1988, vol. 98, pp. 475-482

-SAULET SURUNGBA Clotaire, Devoir de mémoire : seconde partie, op. cit., http://www.sangonet.com/HistoireRCA/devoirdememoire-clots2.html.

-SAULET SURUNGBA Clotaire, Devoir de mémoire, http://www.sangonet.com/afriqg/PAFF/Dic/HistoireRCA/devoirdememoire-clots1.html

-SEBIRO Wilfried Maurice, « *Quand Francis Bozizé et ses frères écartent le « Vice-président » Sylvain Ndoutingaï de la mangeoire* », in www.centrafriquelibre.info du 20 mars 2013.

-TAMEKAMTA ZOZIME Alphonse, « *Gouvernance, rebellions armées, et déficit sécuritaire en RCA : comprendre les crises Centrafricaines (2003-2013)* », in Groupe de Recherche et d'Information sur la Paix et la Sécurité, Note d'analyse, 22 février 2013, 11 p., http://www.grip.org/sites/grip.org/files/NOTES_ANALYSE/2013/NA_2013-02-22_FR_A-TAMEKANTA.pdf

-TEDGA Jean-Paul, « *Centrafrique : Déby Itno, pyromane et sapeur-pompier* », in Afrique Education, N° 377-378 du 1er au 31 octobre 2013, pp. 18-21

-VIGNON Boniface, « *François Bozizé : « Je souhaite le retour à la légalité constitutionnelle* », RFI, le 06 avril 2013 : http://www.rfi.fr/afrique/20130404-francois-bozize-seleka-benin-tchad-accords-libreville-seleka-deby

-WEISS Pierre et MARTINS SPINOZA Sandrine, Mission d'Experts Electoraux de l'Union Européenne, Rapport final du premier tour des Elections présidentielles et législatives Centrafricaines du 23 janvier 2011, 63 p. : http://www.journal-des-elections.net/docs/Rapport_Union_europenne_Elections_republique_centrafricaine_2011.pdf

-YABANDA Claude et ARIDO Narcisse, « *Pour une résolution multilatérale du conflit en République Centrafricain : analyse et propositions de sortie pacifique de crise en RCA* », in Europe Ecologie Les Verts (EELV), Les Notes de la Transnat, N° 8, 7 février 2013, pp. 2-8.

IV. Revues et Ressources électroniques

A. Principales revues

-Géopolitique Africaine

-Journal Officiel de la République centrafricaine

-Revue Penant

-Revue Française de Droit Constitutionnel

-Revue de Droit Public

-Politique Africaine

-Pouvoirs

B. Journaux et ressources électroniques

-Afrilex

-http://teya.org/Constitutions_RCA/Fev_1959

- Cairn

- Centrafrique Presse : http://centrafrique-presse.over-blog.com/

- Centrafrique Libre : http://www.centrafriquelibre.info/

- La Nouvelle Centrafrique : http://www.lanouvellecentrafrique.info/

- Le Corbeau : www.corbeaunews.ca

- Radio France Internationale : www.rfi.fr

- Jeune Afrique : http://www.jeuneafrique.com/

-Radio NdekeLuka : www.radiondekeluka.org

- Afrique Education : http://www.afriqueeducation.com/

-Répertoire de quelques textes constitutionnels Centrafricains : http://mjp.univ-perp.fr/constit/cf2004.htm

-Blog de Stéphane BOLLE vers les Constitutions africaines avec quelques analyses : http://www.la-constitution-en-afrique.org/categorie-10479198.html

- MINUSCA : http://www.un.org/fr/peacekeeping/missions/minusca/

-Journal de Bangui : http://www.journaldebangui.com/

-Ambassade de France en Centrafrique : http://www.ambafrance-cf.org/

-Sangonet : http://www.sangonet.com/

-Les Plumes de la RCA : www.lesplumesdelarca.com

TABLE DES MATIERES

Structures éditoriales du groupe L'Harmattan

L'Harmattan Italie
Via degli Artisti, 15
10124 Torino
harmattan.italia@gmail.com

L'Harmattan Hongrie
Kossuth l. u. 14-16.
1053 Budapest
harmattan@harmattan.hu

L'Harmattan Sénégal
10 VDN SICAP AMITIE 3
BP 45034 Dakar-Fann
direction@senharmattan.com

L'Harmattan Cameroun
Tsinga/Derrière polyclinique FECAFOOT
BP 11486 Yaoundé
Jacques.koukam@harmattan.fr

L'Harmattan Burkina Faso
Villa 281, secteur 23 623, rue 14.32
Ouagadougou
zagbie@outlook.fr

L'Harmattan Guinée
Almamya, rue KA 028 OKB Agency
BP 3470 Conakry
harmattanguinee@yahoo.fr

L'Harmattan RDC
185, avenue Nyangwe
Commune de Lingwala – Kinshasa
matangilamusadila@yahoo.fr

L'Harmattan Congo
219, avenue Nelson Mandela
BP 2874 Brazzaville
deunovmikhael@gmail.com

L'Harmattan Mali
Immeuble Mgr Jean Marie Cissé
Aci Hamadallaye
BP 145 Bamako
syllaka@yahoo.fr

L'Harmattan Togo
Djidjole – Maison Amela
face EPP BATOME
02 BP 20680 Lomé
didieramela11@gmail.com

L'Harmattan Côte d'Ivoire
Résidence Karl – Cité des Arts
Abidjan-Cocody
03 BP 1588 Abidjan
harmattan.ivoire@gmail.com

L'Harmattan Bénin
Rue 604, (Immeuble à l'entrée
de la rue UCAO- Cite de Saint-Jean)
Cotonou
stepcorpus@gmail.com

Nos librairies en France

Librairie internationale
16, rue des Écoles
75005 Paris
librairie.internationale@harmattan.fr
01 40 46 79 11
www.librairieharmattan.com

Librairie des savoirs
21, rue des Écoles
75005 Paris
librairie.sh@harmattan.fr
01 46 34 13 71
www.librairieharmattansh.com

www.ingramcontent.com/pod-product-compliance
Lightning Source LLC
LaVergne TN
LVHW011021061026
849535LV00006B/1989